Adolf Socin

Der Kampf des niederdeutschen Dialektes gegen die hochdeutsche Schriftsprache

Adolf Socin

Der Kampf des niederdeutschen Dialektes gegen die hochdeutsche Schriftsprache

ISBN/EAN: 9783743696952

Hergestellt in Europa, USA, Kanada, Australien, Japan

Cover: Foto ©ninafisch / pixelio.de

Weitere Bücher finden Sie auf **www.hansebooks.com**

# Der Kampf des niederdeutschen Dialektes gegen die hochdeutsche Schriftsprache.

Vortrag,

gehalten in der Historischen und Antiquarischen Gesellschaft
zu Basel am 9. Dezember 1886

von

Dr. phil. Adolf Socin.

Hamburg.
Verlag von J. F. Richter.
1887.

Wenn unter den indogermanischen Grundsprachen das Griechische durch die Alterthümlichkeit und Fülle der Formen für den Sprachvergleicher, das Lateinische durch seinen gleichsam nach den Regeln der Logik konstruirten Satzbau für den Sprachphilosophen obenan steht, so bieten die germanischen Sprachen unzweifelhaft dem Historiker das dankbarste Feld der Forschung. Durch ein Jahrtausend hindurch können wir ihre Entwickelung in ununterbrochener Weise beobachten, und wie mannigfaltig stellt sie sich dar! Während der skandinavische Zweig ohne jede Einwirkung von außen ein Sonderleben führt und sich organisch fortbildet, erleidet das Englische durch politische Ereignisse eine gewaltsame Durchdringung mit fremdem Sprachstoff, so sehr, daß es heute dem Auge des Laien kaum mehr als Verwandter des Deutschen erkennbar ist; und auf dem Kontinente selbst, im Bereiche des spezifischen Deutsch, sehen wir Sprachen untergehen, sich abschließen, andere sich mischen, sich emporschwingen. — Eine Episode aus diesem buntbewegten, vielgestaltigen Sprachleben soll im Folgenden geschildert werden: der Kampf der zwei mächtigsten Dialekte, des Hochdeutschen und des Niederdeutschen. Es ist ein typisches Bild, das sich unserm Auge hier bietet: nicht nur zeigen alle Kultursprachen mehr oder weniger ein ähnliches Ringen verschiedener Mundarten um die Herrschaft, sondern innerhalb des Deutschen selbst spielen sich die gleichen Kämpfe der Schriftsprache mit andern Dialekten ab.

Dieser Umstand mag es entschuldigen, wenn ein Schweizer ein fremdes Dialektgebiet zu betreten wagt; aus diesem Grunde sollen uns aber auch grammatische Auseinandersetzungen nur zur Klarstellung der Grundbegriffe dienen; im Uebrigen wird unsere Schilderung durchaus im Rahmen der äußeren Geschichte der Sprache sich bewegen, wird sie sich vorwiegend auf die einschlägigen Zeugnisse aus den verschiedenen Jahrhunderten stützen.

Die Entstehung des sprachlichen Gegensatzes von Hoch- und Niederdeutschen fällt in historisch nachweisbare Zeit. Zwar die römischen Schriftsteller, so ausführlich sie uns von dem Leben und den Thaten der Germanen berichten, erwähnen deren Sprache nur obenhin: ihre Härte und Rauhheit, kurz gesagt ihre Geltung als barbarisch läßt sie ihnen näherer Betrachtung nicht würdig erscheinen. Blos Isidor von Sevilla, der Enzyklopädist des Frühmittelalters, spricht sich ganz allgemein dahin aus, daß die germanischen Stämme nach der Sprache von einander abweichen; er unterscheidet zwei Germanien, „das obere längs der Nordsee, das untere um den Rhein".[1] Daß ihm die Begriffe „Ober"- und „Niederdeutschland" in umgekehrtem Sinne gelten wie heutzutage, thut nichts zur Sache.

Also um die Wende des sechsten und siebenten Jahrhunderts werden wir die sprachliche Trennung anzusetzen haben, und die grammatischen Rückschlüsse aus den in lateinischen Texten dieser Zeit überlieferten germanischen Eigennamen bestätigen diese Annahme. — Das unterscheidende Merkmal liegt in der Lautgestaltung. Wo das Nieder- oder Plattdeutsche sagt hat — wir legen den Beispielen die heutige Form zu Grunde; die Laute, auf welche es ankommt, sind jedoch schon für die älteste Zeit die gleichen —, hat der Ober- oder Hochdeutsche daß, tid — Zeit; slâpen — schlafen; breken — brechen. Die ursprüngliche Lautstufe ist die des Niederdeutschen. — Daß die am meisten ins Ohr fallende Verschiebung die von t zu ß oder z ist, bemerkt schon Aegibius Tschudi, 1538, indem er die Sprache der Aacher, Lütticher, Kölner und anderer umwohnender Völker „watlendisch" nennt, „von wegen das sy mehrteyls kein s uß sprechen; was: wat, das: bat". Die neuere Sprachforschung ergänzt diese Beobachtung dahin, daß dieser Lautwechsel auch der früheste und durchgreifendste ist; wo er Halt macht, da beginnt das niederdeutsche Sprachgebiet.

Wie wir aber heute keinen Dialekt unvermittelt abbrechen sehen, sondern ein allmählicher Uebergang stattfindet, so hat auch die Lautverschiebung ihre Abstufungen. Der Alemanne und Bayer spricht Khind, Chind, wo der gleichfalls hochdeutsche Franke mit dem Niederdeutschen Kind behält; in den ältesten oberdeutschen Handschriften findet sich das gemeindeutsche gib geschrieben kip, und thatsächlich kann man noch jetzt je nach der tönenden oder nach der härteren Aussprache von g und b den Norddeutschen vom Süddeutschen unterscheiden.[2] Wo wir ferner Tochter aussprechen, da sagt der rheinische Franke mit dem Niederdeutschen Dochter, und zwischen die hochdeutsche Pfeife und die plattdeutsche Pipe setzt er seine Paif als Mittelform. Endlich ist dem Niederdeutschen eigen eine gewisse Abneigung gegen Diphthonge: bêl — Theil, rôk — Rauch.

Den Sitz und den Ursprung der Lautverschiebung werden wir da anzunehmen haben, wo sie am strengsten durchgeführt ist, nämlich bei den südlichsten Stämmen: den Langobarden, Bayern, Alemannen. — Ueber das Motiv dieses merkwürdigen Vorganges sagt Jakob Grimm: „In gewissem Betracht erscheint mir das Lautverschieben als eine Barbarei und Verwilderung, der sich andere ruhigere Völker enthielten, die aber mit dem gewaltigen das Mittelalter eröffnenden Vorschritte und Freiheitsdrang der Deutschen zusammenhängt, von welchem Europas Umgestaltung ausgehen sollte. Bis in die innersten Laute ihrer Sprache strebten sie vorwärts, und ich wage sogar die Gunst der dem hochdeutschen Stamme vorzugsweise beschiedenen Herrschaft in Anschlag zu bringen, um daraus den Eintritt der Lautverschiebung abzuleiten. Bei der Geschichte der Bildung aller Sprachen darf die der Völker selbst niemals außer Acht gelassen werden, und es ist leicht wahrzunehmen, daß der Rede geistiger Fortschritt überhaupt abzuweichen scheint von der älteren Sprache leiblicher Vollendung; nicht umsonst sehen wir siegenden und herrschenden Völkern eben den Dialekt einer Sprache eigen, der sich von ihrem früheren Standpunkte am weitesten entfernt hat. Welcher Schaden ihnen daraus hervorgehen mag, sie wissen dafür Ersatz zu bereiten."[3]

Wilhelm Scherer, nachdem er den ganzen Prozeß nach seinen einzelnen Phasen dargelegt hat, findet als dessen Charakteristikum Unaufmerksamkeit für die konsonantischen Bestandtheile der Worte und bloses Ergötzen am Vokalklang, also musikalischen Sinn. Er legt dem Althochdeutschen ein gewisses seifenglattes Sprechen bei und fährt dann fort: „Dem Charakter der Zeit, in der die hochdeutsche Lautverschiebung sich vollzog, ist eigen die innige Berührung mit fremden Kulturen; der mangelhafte Formsinn der Deutschen reinigt und steigert sich durch auswärtige Hilfe. Den süddeutschen Stämmen aber, bei welchen die Lautverschiebung begann, lag keine fremde Bildung näher als die italienische. Wohnten doch die Langobarden mitten unter den Enkeln der Römer. Italien war die natürliche Schule des Formsinns für einen damaligen Deutschen."[4]

Es sei uns gestattet, an diese Bemerkung eine kleine Hypothese zu knüpfen. Wenn die Verschiebung des t zu z der erste Vorgang der Lautverschiebung ist, und wenn sie bei den Langobarden anhebt, sollte sie nicht zusammenhängen mit dem Wandel in der Aussprache des damaligen Latein, der aus natio ein nazio, aus cella (spr. kella) ein zella machte; also einem äußerlichen Anstoß ihr Dasein verdanken? Das wäre das

Vermächtniß des bald untergehenden langobardischen Sprachzweiges an das überlebende Deutsche. Die anderen Uebergänge lassen sich freilich auf den Einfluß einer fremden Sprache kaum zurückführen. Vielleicht können wir zu ihrer Erklärung ein Grundgesetz der Physiologie heranziehen, wonach aller organische Lautwandel die Bequemlichkeit, die Trägheit der Sprachwerkzeuge zur Ursache hat. Wenigstens liefert uns das Niederdeutsche selbst ein Beispiel hierfür. Jenes dat lautet in den ältesten Quellen that (th wie im Englischen), dieser Laut th wird aber bald als unbequem aufgegeben, wie denn auch das Neuenglische die Tendenz zeigt, sich seiner allmählich zu entledigen. — Scherer deutet noch an, daß „vornehme Lässigkeit", ein Streben der oberen sozialen Schicht, durch die Aussprache von der unteren sich abzuheben, ein psychologisches Moment also, Verschiebungen veranlaßt haben könnte; der heutige näselnde Modeton der Offiziere würde ein Analogon dazu abgeben.

Als Grenzen der Germanen giebt Isidor für das siebente Jahrhundert an: im Norden und Westen der Ozean, im Osten die Donau, im Süden der Rhein. In der That beweisen uns verschiedene Zeugnisse, daß bis ins neunte Jahrhundert hinein im westfränkischen Reiche, d. h. im heutigen Nordfrankreich, die Mundart des herrschenden Stammes die deutsche war. Die östlichen Länder dagegen: das heutige Oesterreich, Meißen, Schlesien, Brandenburg, Mecklenburg, Pommern waren damals slavisch. — Den Sitz der einzelnen Stämme können wir dahin bestimmen, daß am Oberrhein die Alemannen oder, wie ihr volksthümlicher Name lautet, die Schwaben wohnen; an der Donau die Bayern; im Stromgebiete des Mittelrheins, des Mains und der Mosel die Franken; dann im Tieflande die Niederdeutschen: Sachsen an der Weser und Elbe bis zur Eider, Niederfranken am Niederrhein, Maas und Schelde, von den Sachsen getrennt durch die Ems, also ungefähr die heutige politische Grenze zwischen Holland und Deutschland; endlich die Friesen, die Bewohner der Meeresgestade.

Das Friesische gehört streng genommen nicht zum Niederdeutschen, es bildet mit dem Angelsächsischen wieder einen besonderen Sprachzweig. Der große Züricher Gelehrte Konrad Gesner berichtet darüber in seinem Mithridates, 1555: „Die Friesen bedienten sich einst eines durchaus originellen, harten und von den benachbarten gar sehr abweichenden Dialektes, in welchem sie alle Verträge und Urkunden zu verhandeln und abzufassen pflegten. Heute aber bequemen sich die Westfriesen meist an das brabantische und holländische Idiom als Staatssprache an, sei es wegen des Verkehrs mit den holländischen Kaufleuten, sei es, weil der Kaiser, resp. die österreichischen Erzherzöge, die dort die Herrschaft führen, in ihren obersten Gerichtshof vorzugsweise Brabanter einsetzen, die in ihrer Sprache Recht sprechen und alle Rechtsfragen und Verträge für die Oeffentlichkeit redigiren. Die Ostfriesen aber schließen sich nahe an die sächsische Sprache an."

Auch das Niederfränkische stellen wir außerhalb des Kreises unserer Betrachtung, da es sich im dreizehnten und den folgenden Jahrhunderten zu einer besonderen, der holländisch-vlämischen Schriftsprache ausbildet. Hierüber sagt der gleiche Konrad Gesner: „Die brabantische Sprache gilt heute unter den belgischen oder niederländischen Mundarten am Rhein und an der Nordsee für die feinste, wegen ihrer Mittelpunkte, der Universitätstadt Löwen und Brüssels, des Hofes des Kaisers oder jetzt der österreichischen Erzherzöge." Ein niederländischer Zeitgenosse, der kaiserliche Rath Busbeck, bestätigt diesen Ausspruch durch die gelegentliche Bemerkung: „Wir Flamänder sprechen das lateinische septem als sevene, ihr Brabanter aber, die ihr euch nach der niederländischen Schriftsprache zu reden bemüht, pflegt euch da gewaltig zu überheben und euch über uns lustig zu machen, als sprächen wir dieses Wörtlein gröber aus denn ihr euer seven."

Somit haben wir unser Gebiet beschränkt auf den Umfang der heutigen deutschen Schriftsprache, niederdeutsch ist uns identisch mit sächsisch, d. h. niedersächsisch, denn das Land an der oberen Elbe, welches wir heute im politischen Verstande Sachsen nennen, trägt diesen Namen erst seit 1423. Die Altsachsen im sprachlichen Sinne haben als Südgrenze die Linie von Düsseldorf bis Merseburg, als Ostgrenze Saale und Elbe.[5]

Gleichsam als Ersatz für die Einbuße an Sprachgebiet an das Romanische beginnt von Karl dem Großen an bis spät ins Mittelalter die Kolonisation des slavischen Ostens. Der bayrische Stamm gründet die Ostmark, die Franken dehnen sich aus über Meißen, Schlesien und einen Theil von Böhmen, die Niederdeutschen besetzen Brandenburg, Mecklenburg und Pommern. Niederdeutsch wird auch die Volkssprache im Deutschordenslande Preußen, die Herren aber sind Franken, Schwaben und Bayern, also Hochdeutsche. — Wie sehr gegenüber der merowingischen Zeit die Sprachgrenze sich verschoben hatte, sehen wir aus Heinrich von Veldecke, dem höfischen Dichter des zwölften Jahrhunderts, der Deutschland mit Rücksicht auf die westliche und östliche Abgrenzung bezeichnet als das Land „zwischen Rhone und Save". Das Niederdeutsche umfaßt von diesem Gesammtgebiete zwar nur einen guten Drittel, doch hat es den Vortheil weit größerer Einheitlichkeit gegenüber den vielfach zerklüfteten und zerrissenen Mundarten des Hochlandes.

Nach dieser Charakteristik können wir übergehen zur Geschichte der beiden Sprachstämme, soweit sie mit einander in Berührung gerathen.

Das Aufkommen einer Literatur in deutscher Sprache knüpft an an die Bemühungen Karls des Großen um die Befestigung des Christenthums. Er bekämpft das Vorurtheil, als dürfe

nur die hebräische, griechische und lateinische Sprache im Gottes-
dienste Stelle finden, und schärft den Bischöfen Predigt in der
Landessprache ein. Dem entsprechend trägt die älteste deutsche
Literatur einen durchaus praktischen Charakter, sie ist im wesentlichen eine geistliche Uebersetzungsliteratur. Und aus ihrem
Zusammenhange mit der Person Karls fließt die weitere Eigenschaft, daß sie in der Hauptsache eine Literatur des Franken-
stammes ist. — In Karls Zeit fallen ferner die ersten schüchternen,
nur zu bald wieder aufgegebenen Versuche einer Verwendung
der deutschen Sprache in Urkunden und Gesetzen. — Direkt auf
die Förderung des heimischen Idioms bezieht sich die Nachricht
des Geschichtsschreibers Einhart, daß Karl den Winden und
Monaten genauere Namen gab „nach der eigenen Mundart,
während vor dieser Zeit die Franken die lateinischen und die
deutschen Benennungen untermischt gebrauchten". Diese deutschen
Bezeichnungen der Winde und Monate, die uns an der gleichen
Stelle überliefert werden, sind freilich nicht in der von Karl
gewünschten Ausdehnung in die Sprache übergegangen, z. B.
witumanoth d. h. Holzmonat für September, wintarmanoth für
den Januar, während der November herbistmanoth (Herbst-
monat, jetzt deutscher Name des Septembers) heißt. „Auch die
uralten deutschen Lieder, in denen der alten Könige Thaten und
Kriege besungen wurden, ließ er für die Ueberlieferung auf-
schreiben." Sein Sohn, Ludwig der Fromme, theilte freilich
diese Verehrung der altheimischen Dichtkunst nicht, und so hat
sich jede Spur der unschätzbaren Sammlung verloren.

Wichtig ist noch die Tradition, daß Karl unter der An-
leitung eines Grammatikers Nanno eine deutsche Grammatik zu
schreiben begonnen, aber durch anderweitige Geschäfte und schließlich
den Tod an der Weiterführung gehindert worden sei. Wäre
sie zustande gekommen, so wäre sie wohl zu einer Art ortho-
graphischen Gesetzbuches erhoben und auf diese Weise wenigstens

für den Schriftgebrauch eine Spracheinheit erzielt worden. Ansätze zu einer solchen sind freilich auch so vorhanden, wenn wir die ansprechenden Thesen, die Müllenhoff in der Einleitung zu der von ihm nnd Scherer herausgegebenen Sammlung althochdeutscher Sprachdenkmäler über das Vorhandensein einer fränkischen Hofsprache aufgestellt hat, zu den unserigen machen wollen. Aus dem Umstand nämlich, daß die Monats- und Windnamen bei Einhart, ferner die Straßburger Königseide von 842 den gleichen Dialekt zeigen wie das von einem Mönche der flandrischen Abtei St. Amand auf den Sieg des westfränkischen Königs Ludwig über die Normannen 881 gedichtete Lied und wie die aus dem Kloster des heiligen Anianus in Orleans stammende Handschrift der wahrscheinlich zwischen den Jahren 770 und 790 am kaiserlichen Hofe zu Worms entstandenen Isidorübersetzung, zieht Müllenhoff folgende Schlüsse: „Sobald die verschiedenen deutschen Stämme im Reiche Karls des Großen zu einer politischen und religiösen Einheit verbunden waren, konnte auch für die Sprache die Entwickelung zu größerer Einheitlichkeit nicht ausbleiben. Darauf führte schon das Bedürfniß des Reiches. Zunächst die fränkischen Mundarten am Main und Mittelrhein, in der Mitte des damaligen Deutschlands, erlangten damit eine hervorragende Bedeutung, und durch ihre geographische Stellung sowohl als ihre ganz damit übereinstimmende sprachliche Beschaffenheit waren sie berufen, ein Bindeglied zwischen dem Norden und Süden abzugeben. In ihrem ganzen Habitus überwiegend hochdeutsch, hielten sie doch die Mitte zwischen den rauheren oberdeutschen und den noch ganz auf der alten Lautstufe verharrenden niederdeutschen Mundarten, so auch in ihrem Wortvorrath und Wortgebrauch, und Einwirkung und Abneigung, Entlehnung und Austausch waren für sie nach beiden Seiten hin leicht. Aus ihnen ging die karolingische Hofsprache hervor, die Sprache des höheren Lebens, dessen Mittelpunkt der kaiserliche Hof war, das ihm von allen Seiten zustrebte und wiederum von ihm ausstrahlte. Gegen die Volksmundarten war die neue Sprache noch weniger abgeschlossen, als später das Mittelhochdeutsche, geschweige denn das Neuhochdeutsche, und ihr Abstand nach unten hin war wohl nur gering. Eine neue Literatur und Poesie, die ihr Festigkeit, Abgeschlossenheit und gleichmäßige Ausdehnung gegeben hätte, blühte nicht mit ihr auf. Daher kommt es, daß kaum ein Denkmal in allen sprachlichen Merkmalen mit einem anderen völlig übereinstimmt, und fast jedes die Sprache in einer anderen Gestalt zeigt. Eine Gleichmäßigkeit in den grammatischen Formen ward nicht erreicht, und alte und neue erscheinen im Gebrauche neben einander. Nicht einmal die Orthographie und Lautbezeichnung stellte sich fest; sie artete nach Ort und Zeit verschieden, wie die Sprache selbst. Sich selbst überlassen, behielt die Sprache ihre Wandelbarkeit und Vielgestaltigkeit."

Sicher ist, daß der fränkische Dialekt eines gewissen Vorrechtes vor den übrigen genoß. Otfrid von Weißenburg, der erste deutsche Dichter, dessen Name zugleich mit seinem Werke auf uns gekommen ist, gebraucht ums Jahr 868 den Ausdruck „fränkische Sprache" im Sinne von deutscher Sprache, und das ist auch, wie aus anderen Zeugnissen hervorgeht, die allgemeine Anschauung jener Zeit. Uns selbst gilt ja noch der Ausdruck „altfränkisch" für gleichbedeutend mit „altdeutsch", die Formel „frank und frei" weist den Franken eine bevorzugte Stellung an, in Byzanz wurde den Türken der Name „Franken" für alle Deutschen überliefert. Erst im zehnten Jahrhundert, mit dem Aufkommen der sächsischen Ottonen, geht der Frankenname als Gesammtbezeichnung der Deutschen verloren und auf den romanischen Westen über.

Ihre Hauptwirkung scheint die Hofsprache nach Norden hin, also gegen das Niederdeutsche, ausgeübt zu haben.

„Wenn," sagt Wilhelm Grimm, „z. B. in Kassel die plattdeutschen Bestandtheile in der Sprache des Volkes erst im Ausgange des vorigen Jahrhunderts zu weichen begannen, und wenn andererseits vom gleichen Orte stammende Schriftstücke schon im vierzehnten Jahrhundert nur geringe und im sechszehnten gar keine Einmischung plattdeutscher Wörter und Formen mehr zeigen, so ist der Schluß nicht abzuweisen, daß diese Sprachbewegung insgemein schon in frühester Zeit begonnen habe und auf den Einfluß des herrschenden Stammes zurückzuführen sei, der eben darum auch im Besitze der reichsten Literatur war, und dessen Sprache infolge dieser beiden Umstände eine Art Gemeingiltigkeit erlangt hatte." — Die Literatur des Altsächsischen beschränkt sich beinahe ausschließlich auf die zur Zeit und vielleicht auf Befehl Ludwigs des Frommen entstandene, unter dem Namen „Heliand" (d. h. Heiland) bekannte epische Darstellung des Lebens Jesu; von da an bricht bis zum Ende des dreizehnten Jahrhunderts, also beinahe für ein halbes Jahrtausend, alle Verbindung ab. Diese merkwürdige Thatsache läßt sich nicht etwa so erklären, als habe das Niederdeutsche für die schriftliche Fixirung sich ungeeignet erwiesen; der hoch entwickelte dichterische Stil des Heliand, die Blüthe der angelsächsischen Literatur, mit der sich die althochdeutsche schwerlich messen kann, die Bildung der niederländischen Schriftsprache aus dem nahe verwandten niederfränkischen Dialekte widerlegen diese Ansicht zur Genüge. Auch auf geistige Trägheit der Sachsen können wir nicht unbedingt schließen, da im Gegentheil ihre Verständigkeit, Klugheit und Redefertigkeit gerühmt werden, und es bleibt uns in der That nichts Anderes übrig, als dieses Verhältniß auf das drückende Uebergewicht der fränkischen oder hochdeutschen Sprache zurückzuführen. — Die Vorherrschaft des sächsischen Stammes unter den Ottonen im zehnten Jahrhundert hat hieran nichts geändert. Nicht mit Unrecht hat man von einer Frührenaissancezeit der Ottonen gesprochen; an ihrem Hofe überwog das Latein, wo sogar die Frauen es verstanden, und durch die Verbindung mit Byzanz lernten sie griechische Kultur kennen und schätzen. Zwar das Zitat des geistvollen, aber etwas raschen Verfassers der Geschichte der neuhochdeutschen Schriftsprache, Heinrich Rückerts, Ottos I. Sprache sei gewesen leniter saxonizans, von sächsischem Anflug, und der daraus gezogene Schluß, daß am Hofe hochdeutsch mit leiser plattdeutscher Färbung gesprochen worden sei, beruht auf einer Gedächtnißtäuschung; die Stellen lauten vielmehr gerade dahin, daß Otto I. wie Otto II. sächsisch geredet haben; wohl aber dürfen wir aus der Schreibung der Namen in den Urkunden der sächsischen Kaiser, aus der hochdeutschen Lautgebung niederdeutscher Münzinschriften und aus sächsischen Geschichtsschreibern, welche die Namen der Kaiser hochdeutsch neben niederdeutschen sonstigen Eigennamen aufführen, auf eine Kanzleisprache nach fränkischem Typus folgern. „Das Verhältniß, wie man es auch definiren mag, hat jedenfalls eine gewisse Analogie zu dem Verhältniß von Dialekt und Schriftsprache." (Scherer.)

Wir treten in die mittelhochdeutsche Zeit, die klassische Epoche des Minnesangs und der epischen Dichtung. Mit den Hohenstaufen gedeiht eine lange vorbereitete Literaturbewegung zu reicher Entfaltung, die auch für das Sprachleben von Bedeutung ist. Es tritt ein Stand in den Vordergrund, der, begünstigt durch die kühnen und edeln Thaten zugeneigte gehobene Stimmung der Zeit, durch seinen Glanz und Geist der Literatur alsbald seinen Charakter aufprägt und, nicht gehindert durch äußere Rücksichten, nun auch die heimische Sprache in ihr volles Recht einsetzt, sie in ihrer Lebendigkeit, ihrer Anmuth und Feinheit ans helle Licht treten läßt. Der Kirche gebührt das Verdienst, die deutsche Sprache in die Literatur eingeführt zu haben, die ritterlichen Höfe aber haben sie erhoben zur

Kunstsprache, sie haben ihre Werthschätzung als eines nationalen Bindemittels dem allgemeinen Latein gegenüber im Volksbewußtsein zum Durchbruch gebracht und damit ihre Eigenschaft, ihre Herrschaft als Kultur- und Literatursprache für alle Zeiten gesichert. Um 1200 reicht die Herrschaft deutscher Rede und Dichtung sogar bis über die Sprachgrenze hinaus, Zeugniß dessen der Italiener Thomasin von Cerchiari, der ein langes Lehrgedicht, den Welschen Gast, in deutscher Sprache abfaßt. Hatte sich bisher die fast ausschließlich geistliche Literatur nur unter dem Zwange der Umstände und mit Widerwillen zum Deutschen bequemt, so wird jetzt deutschen Büchern, d. h. romantischen Gedichten, eine überwiegende Theilnahme entgegengebracht, so sehr, daß deutsch lesen für gleichbedeutend gilt mit lesen überhaupt. Nach Inhalt und Gedanken ist diese ritterliche Dichtung freilich nicht national, sie entlehnt ihre Stoffe aus Frankreich, durch das Mittel von Brabant und Flandern; ihre erste Blüthe hat sie am Rhein, manche Dichter aus diesem Kreise können wir in Verhältnissen zum hohenstaufischen Hofe nachweisen. Die rheinische und schwäbische Ritterschaft, d. h. diejenige des Mittel- und Oberrheins, wird von den Zeitgenossen als Muster hingestellt für höfisches Benehmen; ihre Freigebigkeit, Weisheit und gewandte Rede wird von den Dichtern laut gepriesen. Wie ehedem die Franken, so wird jetzt der Name der Schwaben zur Bezeichnung aller Deutschen gebraucht." Im Gegensatze zu ihnen gelten die Bayern, Oesterreicher und Franken für ungeschickt und plump, die Sachsen für wild und barbarisch. Bis ins vierzehnte Jahrhundert hinein und darüber hinaus besitzen wir Zeugnisse, daß das Schwäbische im Osten, Norden und Westen als besonders feine Sprache geschätzt und nachgeahmt wurde. Nicht mehr Franken und Sachsen, sondern Schwaben und Sachsen werden jetzt als die Hauptstämme einander gegenübergestellt.

Erwägungen dieser Art haben zur Annahme einer über den

Mundarten und im Gegensatz zu ihnen stehenden mittelhochdeutschen Kunst- oder Dichtersprache geführt. „Im zwölften und
dreizehnten Jahrhundert," sagt Jakob Grimm, „waltet am
Rhein und an der Donau, von Tyrol bis nach Hessen schon
eine allgemeine Sprache, deren sich alle Dichter bedienen; in ihr
sind die älteren Mundarten verschwommen und aufgelöst, nur
noch einzelnen Wörtern und Formen klebt Landschaftliches an."
„Dazu tritt, daß die meisten Dichter jener Zeit wanderten und
mit den Sprachabweichungen anderer Gegenden bekannt wurden,
wenn sich schon die Eigenthümlichkeit ihrer Mundart nie ganz
verwischte." „Diese vielen, unter der Bezeichnung mittelhochdeutsch zusammenbegriffenen Denkmäler heben von der Mitte des
zwölften Jahrhunderts an und reichen bis zum Ausgange des
dreizehnten, in dessen erstes Drittel sich doch ihre eigentliche
Kraft und Blüthe drängt, sie haben zwar nicht alle eine und
dieselbe Mundart, verrathen aber lange keine so abstechende Verschiedenheit untereinander als die althochdeutschen Quellen. Die
meisten mittelhochdeutschen Dichtungen sind in Schwaben, in der
Schweiz, in Bayern und Oesterreich entstanden, verschiedene in
den Gegenden des Oberrheins und in Franken bis nach Thüringen
hinein." — Weil die örtlichen Einflüsse der Dialekte auf die
mittelhochdeutschen Denkmäler lange nicht so ins Auge fallend
seien, als bei den althochdeutschen Quellen, habe man bisher
alles unter dem Namen „schwäbische Sprache" zusammengeworfen.
Den Schwaben klinge entweder gar nichts von ihrem heimathlichen Dialekte an, oder es zeige sich doch weit weniger als bei
Bayern und Oesterreichern. — Gelehrte wie Koberstein,
Wilhelm Wackernagel, Heinrich Rückert haben den An-
sichten Grimms beigepflichtet. Müllenhoff läßt diese Sprache
hervorgehen aus einer Ausgleichung des ostfränkischen und des
alemannischen Dialektes, welche zuerst an den Höfen der Salier
und der Hohenstaufen sich müsse geltend gemacht haben. — In

neuerer Zeit ist das Bestehen einer solchen Schriftsprache überhaupt geleugnet worden (Franz Pfeiffer, Hermann Paul); ihre Einheitlichkeit beruhe einzig auf der kunstreichen textkritischen Behandlungsmethode der modernen Gelehrsamkeit, in der handschriftlichen Ueberlieferung selbst sei nichts davon zu verspüren. Die Ansicht, die dem staufischen Kaiserhause einen bedeutenden unmittelbaren Einfluß auf die Entwickelung der höfischen Sprache und Poesie zuschreibe, sei ein schöner Wahn. In steten aufreibenden Kämpfen mit der Hierarchie und unbotmäßigen Vasallen, erfüllt von politischen Plänen und Gedanken, mehr in Italien als in Deutschland zu Hause und, wenn je in der Heimath, stets mit dem Fuß im Stegreif, hatten die Staufer zur Pflege und Förderung der Poesie weder Stimmung noch Zeit, wenn auch in ihnen innere Neigung und Lust dazu vorhanden war. Gegenüber dem, was die Babenberger und die thüringischen Landgrafen für die mittelhochdeutsche Dichtung gethan, könne von einer Förderung der Poesie, also auch der Hofsprache, durch die Staufer keine Rede sein. — Es wird ferner darauf hingewiesen, daß die mit den Hohenstaufen gleichzeitige französische Literatur durchaus dialektisch ist, trotzdem die Zentralisation und der Einfluß der Könige in Frankreich schon am Ende des zwölften Jahrhunderts größer war als in Deutschland. — Die neueste Schrift, welche diese Frage in der That um einen bedeutenden Schritt ihrer Lösung entgegenführt, ist die Abhandlung von Behaghel in der Baseler Festschrift für Heidelberg. Die Vergleichung der Sprache in unbezweifelt alemannischen Dichterwerken mit derjenigen der Urkunden, in denen wir den heimischen Dialekt als bewahrt annehmen müssen, ergiebt eine Verschiedenheit, die wir nicht anders als aus dem Vorhandensein einer gemeinsamen Dichtersprache erklären können. — Eines ist freilich heute unbestritten: in Mitteldeutschland (Hessen, Thüringen, Meißen) setzt sich der fränkische Schriftdialekt, der noch vom elften auf das zwölfte Jahrhundert eine Zeit der Blüthe erreicht hatte, fort neben der allgemeinen mittelhochdeutschen Literatursprache, an welche er jedoch durch Vermeidung des auffällig Mundartlichen sich wenigstens anzunähern bestrebt ist.

War das Uebergewicht des Hochdeutschen über das Niederdeutsche jemals zweifelhaft, so ist es während dieser klassischen Periode oberdeutscher Kunstdichtung und Kunstsprache entschieden. Die niederdeutsche Sprache, von dem stärkeren Stamme überwachsen, blieb zurück, und wer lebendigen Trieb zur Kunst empfand, mußte in der hochdeutschen sein Vorbild suchen. Albrecht von Halberstadt, ein Niederdeutscher also, der 1210 Ovids Metamorphosen poetisch bearbeitete, entschuldigt die Unbeholfenheit seiner (hochdeutschen) Uebersetzung mit folgenden Worten: „Der seinen Scharfsinn an dieses Buch mit redlichem Fleiß gewendet hat, der ist weder ein Schwabe noch ein Bayer, weder ein Thüringer noch ein Franke. Daran möget ihr denken, wenn ihr in den Reimen Falsches oder Ungenaues findet, denn ein Sachse, Albrecht von Halberstadt, hat euch dieses Buch gedichtet von Latein zu Deutsch." Herzog Heinrich von Anhalt in der ersten Hälfte des dreizehnten Jahrhunderts dichtete seine Minnelieder in hochdeutscher Sprache, so auch Witzlav von Rügen, dem zwar unbeabsichtigt manches Niederdeutsche unter die ungewohnte Modesprache geräth. — Das erste deutsche Rechtsbuch, der Sachsenspiegel, ist um 1230 in der obersächsisch-fränkischen Sprache ausgearbeitet worden, und es scheint dieser Dialekt vorbildlich geworden zu sein für die juristische Literatur, welche sich in Norddeutschland an den Sachsenspiegel knüpfte; wenigstens theilt das niederdeutsche Magdeburg sein Stadtrecht an Breslau in obersächsischer Sprache mit. — Bei den literarischer Kultur zugänglichen Ständen Niedersachsens mag das Hochdeutsche im dreizehnten Jahrhundert auch als Umgangssprache nicht ungebräuchlich gewesen sein. Reinbot von Dürn, ein Bayer in der Mitte des dreizehnten Jahrhunderts, wünscht, daß seine Dichtung vom heiligen Georg bekannt werde in allen deutschen Landen, von Tyrol bis nach Bremen und von Preßburg bis nach Metz, er dehnt also das Gebiet der hochdeutschen Sprache unbedenklich auch über Niederdeutschland aus.

Den Zeugnissen über die sprachlichen Verhältnisse jener Zeit können wir noch anreihen den großen Prediger aus der zweiten Hälfte des dreizehnten Jahrhunderts, Berthold von Regensburg. Da er wandernd durch ganz Deutschland zog, entäußert sich seine Sprache mit Beflissenheit der angebornen mundartlichen Schranken; in diesem Sinne übersetzt er das lateinische Wort spes gleichzeitig mit drei je nach den Landschaften wechselnden deutschen Ausdrücken: gedinge, hoffenunge, zuoversiht. „Wir haben viele Wörter im Lateinischen," bemerkt er, „die wir deutsch nicht anders als mit vielen Umschreibungen wiedergeben können; wir sind in lateinischer Sprache gar reich und können ganze Sätze in kurze Worte fassen, wo man in deutscher Sprache viel Redens machen muß." Der Gegensatz von Ober- und Niederdeutschen wird veranschaulicht durch Nennung Derer von Zürich und dem Bodensee und Derer von Sachsen: „Ihr wißt wohl, daß die Niederländer und die Oberländer gar ungleich sind an der Sprache und an den Sitten. Die vom Oberlande, dort von Zürich her, die reden ganz anders als die aus dem Niederlande, von Sachsen. Die sind ungleich an der Sprache, man kennt sie ganz wohl von einander, die vom Sachsenlande und die am Bodensee im Oberlande, und sind auch an den Sitten ungleich und an den Kleidern." „Also steht es um die Niederländer und um die Oberländer, daß manch Niederländer ist, der der Oberländer Sprache annimmt. Geschieht es aber so, daß du mich täuschest an dem Gewande und an der Sprache, so kannst du mich an den Sitten nimmermehr täuschen. Das könnte nimmer geschehen; und wollte ein Niederländer nur vier Wochen bei mir wohnen, ich würde wohl inne, ob er ein Niederländer wäre oder ein Oberländer."

Stimmt die Sprache Bertholds mit derjenigen der höfischen Dichter den Lauten und Formen nach überein, so tritt er doch wieder anderseits in bewußten Gegensatz zu ihr. In einer seiner Predigten nennt er die Tugend das beste unter allen Dingen, die Gott schuf, das edelste, reinste und wonnesamste, die Freude der Engel, den Schlüssel zum Himmelreiche; da Gott die Tugend selber sei, wollte er auch, daß Engel und Menschen tugendhaft würden. „Er meint aber nicht die Tugend, was etliche Leute „Tugend" heißen. Wenn Einer eine Botschaft in höfischer Art ausrichten kann, oder eine Schüssel tragen kann und die Hände wohlgezogen halten oder vor sich legen kann, so sprechen etliche Leute: Ei welch ein wohlerzogener Jüngling oder Mann oder Frau ist das! Das ist ein gar tugendsamer Mensch, ei, wie tugendsam kann er sich gebaren! — Siehe, diese Tugend ist vor Gott ein Gespötte...." Die Predigt verlangt nach einem deutschen Worte für ihre kirchliche virtus, sie findet kein anderes als „Tugend" und bekämpft daher mit zorniger Absicht die alte höfische Bedeutung. Damit werden wir auf eine Reihe von Begriffswandelungen hingewiesen, welche zu einer neuen Sprachperiode hinüberleiten.

Die Einheit der mittelhochdeutschen Sprache war wesentlich bedingt durch die Formvollendung der Dichtung und die konventionelle Gleichförmigkeit ihres Inhalts, diese Eigenschaften aber waren innig verknüpft mit der Pflege der Poesie durch die höfischen Kreise. Sobald sie sich von der Literatur abwandten, mußte mit dieser selbst auch das äußere Gewand, die Sprache, einen veränderten Charakter annehmen. Diese Abwendung von der Literatur aber, das materielle und geistige Sinken des Ritterthums, vollzieht sich mit dem Aufblühen der Städte und mit der wachsenden Auflösung des Reiches nach dem Falle der

Hohenstaufen. Konrad von Würzburg, der letzte hochgesinnte Vertreter höfischer Dichtung, klagt um 1280, daß man Erzählung und Lied nicht mehr in Ehren halte, und doch seien ihrer Wenige geworden, die mit der Dichtkunst den Leuten Freude bereiten können. Reiche und Arme schätzen die Meister gering, die zierlicher Rede pflegen, während man erwarten sollte, daß ein gutes Gedicht eben um seiner Seltenheit willen an den Höfen freundliche Aufnahme finde. Die Dichtkunst wolle in deutschen Landen fast ganz verschwinden, so daß man in weitem Umkreise kaum Einen zu finden vermöge, der ein Meister guter Rede und guter Töne heißen könne. Die ungestümen jungen Ritter aber sind so unverständig, daß gute Rede und edler Sang ihnen gleichgiltig ist. Ihr Sinn ist der Dichtung gram; wer sich mit dem Dichten Mühe giebt, der wird enttäuscht, man hört nicht mehr gern wohl sprechen und singen. Rohheit verdrängt die maßvolle Haltung und den Anstand. — Nicht nur inhaltlich, auch sprachlich geht die Literatur jetzt nach verschiedenen Richtungen auseinander. „Die Schriftsteller des vierzehnten und der folgenden Jahrhunderte vergröbern stufenweise die frühere Sprachregel und überlassen sich sorglos den Einmischungen landschaftlich gemeiner Mundart; oft weiß man nicht, ob ihre Besonderheit von der alten reinen Sprache her übrig geblieben oder aus dem Gebiete des Volksdialektes eingedrungen ist." (Grimm.)

Es ist bezeichnend, daß diese Periode des Auflebens der Schriftdialekte durch das erste ausführliche Zeugniß über die deutschen Mundarten eröffnet wird. Hugo von Trimberg, Rektor der Schule zu Bamberg, um 1300, lobt es zwar, wenn der Schriftsteller das Gute aus den verschiedenen Mundarten zu seinem Gebrauche vereinige, sagt aber gleich darauf: „Ein jegliches Menschenkind spricht gerne die Sprache, in der es erzogen ist. Wenn darum meine Worte etwas nach Franken anklingen, so zürne Niemand, denn ich bin aus Franken gebürtig."

In seiner Charakteristik der deutschen Mundarten heißt es: „Wer wähnt, daß die von Aachen reden wie die von Franken, dem sollen die Mäuse danken. Eine jegliche Landschaft hat da ihre Art, die ihren Bewohnern anhaftet. Die Schwaben spalten ihre Wörter, die Franken falten sie ein wenig, die Bayern zerren sie auseinander, Thüringer singen, Sachsen lispeln, Rheinländer pressen, Wetterauer würgen, Meißner sie hübsch schürgen" u. s. w.

In der Mitte des vierzehnten Jahrhunderts ist dann die Reminiszenz an die ehemalige gemeinsame Literatursprache völlig erloschen. Der Franke Konrad von Megenberg, Domherr im bayerischen Regensburg, der sein „Buch der Natur" im bayerischen Dialekte verfaßt, sieht sich genöthigt, eine Anzahl seiner Ausdrücke durch Synonyma anderer Mundarten zu erläutern, z. B.: „den siechtum, der melancolia haißet, das haißent die Dürgen (Thüringer) rasen". „Der kranwitpaum haißt in meiner müeterleichen bäutsch ain wechalter (Wachholder)". — Der Vocabularius optimus, ein in der Schweiz entstandenes lateinisch-deutsches Wörterbüchlein, enthält in der Zueignung an einen erdichteten Herzog von Oesterreich folgende Stelle: „Nachdem Ihr und Euer Haus die Verdeutschung der unzweideutigen lateinischen Wörter an dem einen Ende Eurer Herrschaft, nämlich in Oesterreich, gelernt habt und dieselbe wiederum an der entgegengesetzten Grenze, nämlich in Schwaben, für den Gebrauch in öffentlichen und Privaturkunden verwendet, schadet die je nach der Entfernung der Landschaften verschiedene Aussprache und Sprachgebrauch dem klaren Verständniß und führt häufig zu Irrthümern in der Vollstreckung der Befehle." — Der Mystiker Nicolaus von Basel schreibt 1369 den Insassen des Klösterleins zum Grünen Wörd in Straßburg: „Ich hätte euch gerne das alte Büchlein gesandt, aber es ist wohl zur Hälfte in einer so ungewohnten Sprache, die ihr nicht lesen könntet, und ich übte mich selber vier Tage und Nächte daran, damit ich es euch schriebe in eurer Elsässer Sprache." — Eine in Halle 1343 entstandene deutsche Uebersetzung der vier Evangelien bezeichnet sich selbst als „Uebertragung in das mittelste Deutsch".

Das ist nun auch die Zeit des Wiederaufkommens einer niederdeutschen Schriftsprache. Schon Hugo von Trimberg bestimmt sein Buch nur noch für Schwaben, Thüringer, Bayern, Franken, nicht mehr für die Sachsen. Das Lübecker Stadtrecht von 1298, die gleichzeitige älteste lübeckische Chronik, die Bremer Statuten aus dem Jahre 1302: diese Daten geben uns die Zeit des Entstehens einer niederdeutschen Literatur an, die bald, im vierzehnten und fünfzehnten Jahrhundert, ihre Blüthe und ihren Höhepunkt erreicht. Ferner weisen uns diese Nachrichten zugleich auf das Gebiet, auf dem das Niederdeutsche etwas Hervorragendes geleistet hat, nämlich das der Prosa. Nicht, daß das vierzehnte und fünfzehnte Jahrhundert keine niederdeutsche Poesien lieferte, aber sie leiden an der Gleichgiltigkeit gegen formale Vollendung, ein Charakterzug, welcher der niederdeutschen Poesie bis auf heute anhaftet. Einzig der „Reineke Vos", im günstigsten Augenblick aus dem Niederländischen übersetzt, hat eine so durchschlagende Wirkung gehabt, daß er das weitverbreitetste niederdeutsche Buch geworden, mehrfach, ein höchst seltener Fall in der Geschichte dieser Literatur, in fremde Sprachen übersetzt ist, Jahrhunderte lang für ein Originalwerk gegolten und der niederdeutschen Sprache den größten Glanz verliehen hat. In den Prosadenkmälern wird die Sprache ohne Unbehilflichkeit gehandhabt, „sie ist gewissermaßen gleich fertig hervorgetreten". Die Glanzperiode des Niederdeutschen umfaßt hauptsächlich die Jahre 1350—1500, also besonders die Zeit, wo der Bund der hanseschen Städte in größter Blüthe stand, mit denselben wuchs und sank es. Als die Hansa über die ganze niederdeutsche Tiefebene bis nach Riga hinauf gebot und fremde Staaten und Könige sich unterthänig und dienstbar machte, da gebot auch das Niederdeutsche, die diplomatische Sprache des Bundes, über dasselbe Gebiet, ja über dasselbe hinaus, denn auswärtige Mächte sandten wohl ihre Schreiben an den Rath zu Lübeck in niederdeutscher Sprache, und der Rath antwortete ihnen in derselben Sprache.[7]

Aber diese zentrifugale Sprachbewegung trägt selbst wieder den Keim der Einigung in sich. Die neuhochdeutsche Sprache ist keine künstliche Sprache, auch sie ist aus einem Dialekte erwachsen, aber nicht am Rhein, nicht als zartes Gebilde in den Händen der Dichter tritt sie auf, sie ist weder zeitlich noch stofflich die unmittelbare Fortsetzung des Mittelhochdeutschen, sondern ihre Heimath ist das ursprünglich slavische Land an der oberen Elbe, ihre Umgebung die Kanzleistube der Fürsten und ihr Feld die Prosa. In den Urkunden der Prager Kanzlei Kaiser Karls IV., um 1350, begegnet uns zuerst eine Sprache, die von allen mittelalterlichen Dialekten dem heutigen Schriftdeutsch am nächsten kommt. Eine dieser Urkunden beginnt z. B.:

„Wir Karl von Gotes Genaden romischer Keyser, zu allen Zeiten Merer des Reichs und Kunig zu Beheim, bekennen und tun kunt offenlich mit disem Brieve allen Den, die yn sehen oder horen lesen: daß wir mit wolbedachtem Mute und mit rechter Witze, zu Eren, zu Nutze und zu Wirdikeit des heiligen romischen Reichs uns mit den ersamen den Burgermeistern, dem Rate und den Burgern gemeynlich der Stat zu Nuremberg, unsern lieben Getrewen, ihren Erben und Nachkomen vorbunden haben und vorbinden (= sich verbindlich machen) unser Lebetage in sulcher Schicht und Meynungen, als hernach geschrieben steet . ." 2c. (Weizsäcker, Deutsche Reichstagsakten I, 56.)

Gegenüber den mittelhochdeutsch-alemannischen Formen zît, rîch, trüwe haben wir hier die heutigen: Zeit, Reich, Treue.

Diese Erweiterungen zusammt mit der des û zu au (hûs — Haus) sind eine Eigenthümlichkeit des österreichischen Dialektes, sie treten schon im elften und zwölften Jahrhundert in Kärnthen und Steiermark auf; ihre Entstehung ist vielleicht auf den Einfluß des benachbarten Slavischen zurückzuführen, welches von vorneherein zu einer breiten und singenden Aussprache der Vokale geneigt ist. Andererseits ist die Zusammenziehung Mut anstatt des früheren muot ein Merkmal des Mitteldeutschen. Infolge dieses Charakters als Mischsprache war der nordböhmische Dialekt zur schriftlichen Vermittelung zwischen dem österreichischen Hofe und den Kurfürsten Mitteldeutschlands besonders geeignet. Im fünfzehnten Jahrhundert, während der langen Regierung Friedrichs III., fällt freilich die kaiserliche Kanzlei in den österreichischen Dialekt zurück und gilt in dieser Form als „gemeines Deutsch", d. h. als offizielle Reichssprache, die dann auch durch die Druckerstätten Nürnberg und Augsburg zur Literatursprache erhoben wird. — Wohl aber sehen wir bald nach 1400 die neue Sprache nach Norden hin, in den ehemaligen Kolonisationsländern östlich der Elbe, aufkommen. Die Literatur Böhmens, Schlesiens, Meißens weist am frühesten Formen auf, wie: ich nehme, ich spreche (südliche Dialekte: ich nim, ich sprich), Konig, Sohn, fromm, gesponnen, konnte (südliche Dialekte: kunig, sun, frum, gespunnen, kunnt), gehen, stehen (gên, stên oder gân, stân), sie geben (sie gebent), du hingest (du hienge), geschrieben, (geschriben) — lauter Formen, ohne die wir uns das heutige Schriftdeutsch gar nicht denken können. Und diese Sprache, meißnisch genannt, wird schon im fünfzehnten Jahrhundert als besonders vorzüglich gelobt. Sie breitet sich aus als Kanzleisprache nach Kurbrandenburg und Thüringen, 1490 wird in Leipzig ein Buch „auf die meißnische Sprache" gedruckt. Schon greift sie nach Altsachsen über, das wir bereits ihrer Vorgängerin, der obersächsischen Rechtssprache, sich theilweise beugen sahen. Das niederdeutsche Halle, hart an der Sprachgrenze gelegen und darum der Einwirkung des angeseheneren Hochdeutsch von jeher stärker ausgesetzt, nimmt dieses im fünfzehnten Jahrhundert als Urkunden- und Gesetzessprache an. Als im Jahre 1477 der Rath Abgeordnete aus der Bürgerschaft vor sich beschied, mußte der Rathsmeister, der das Wort hätte führen sollen, schweigen und einen Anderen reden lassen, der niedersächsisch verstand und sprechen konnte. Die Volkssprache war also noch niederdeutsch, aber die Geschäftssprache des Rathes und die Umgangssprache der höheren Stände war die obersächsische.

Die neuhochdeutsche Sprache besteht also schon vor der Reformation, auch in der Literatur; um 1500 hat sie ihren Siegeslauf bereits angetreten. Dem sprachlichen Verdienste Luthers geschieht dadurch kein Abbruch. Seine eigene Aeußerung über diesen Punkt, die ins Jahr 1545 gesetzt wird, lautet: „Ich habe keine gewisse, sonderliche, eigene Sprache im Deutschen, sondern brauche der gemeinen deutschen Sprache, daß mich Beide, Ober- und Niederländer, verstehen mögen. Ich rede nach der sächsischen Kanzlei, welcher nachfolgen alle Fürsten und Könige in Deutschland; alle Reichsstädte, Fürstenhöfe schreiben nach der sächsischen und unseres Fürsten Kanzlei. Drumb ist's auch die gemeinste deutsche Sprache. Kaiser Maximilian und Kurfürst Friedrich, Herzog von Sachsen, haben im römischen Reiche die deutschen Sprachen also in eine gewisse Sprach gezogen." — Unter Maximilian hatten also Festsetzungen stattgefunden zum Ausgleich der österreichischen und obersächsischen Kanzleisprache. Unser philologisch geschärftes Auge nimmt freilich trotz alledem noch genug Verschiedenheiten zwischen beiden wahr. Daß aber nach langem Ringen nicht nur die österreichisch-süddeutsche Reichssprache, sondern auch der reichere und poetischere alemannische Schriftdialekt vom Schauplatze verschwunden sind, ist die Folge des weit über den Tod des Reformators hinaus reichenden, nicht nur in Dingen des Glaubens allein als kanonisch geltenden Ansehens und der den Einfluß einer ganzen Literatur aufwägenden Verbreitung seiner Schriften, vorab der Bibelübersetzung; das zweite Moment von Luthers Wirksamkeit liegt darin, daß er mit schöpferischer Begabung die dürre und ärmliche Kanzleisprache verjüngte und bereicherte durch den Wortschatz seiner angeborenen thüringischen Mundart, deren nahe Berührung zum Niederdeutschen dem Norden diese Sprache mit der Glaubenseinheit um so annehmbarer zu machen geeignet war. Luther ist der Begründer der deutschen Spracheinheit, und in diesem Sinne können wir der landläufigen, von den Grammatikern des sechszehnten und siebenzehnten Jahrhunderts hergebrachten Anschauung, wonach die neuere Sprache mit ihm beginnt, ihr Recht lassen.

In den Aeußerungen Luthers über sprachliche Dinge werden die niederdeutschen Mundarten ehrenvoll genannt. „Die märkische Sprache", sagt er in jenem Tischgespräche über die gemeine deutsche Sprache, „ist leichte, man merkt kaum, daß ein Märker die Lippen reget, wenn er redet; sie übertrifft die sächsische." „Die dänische und englische Sprache ist sächsisch, welche recht deutsch ist. Die oberländische Sprache ist nicht die rechte deutsche Sprache, nimmt den Mund voll und weit und lautet hart. Aber die sächsische Sprache gehet fein, leise und leicht ab." „Deutschland hat mancherlei Dialectos, Art zu reden, also daß die Leute in dreißig Meilen Weges einander nicht wohl können verstehen; die Oesterreicher und Bayern verstehen die Thüringer und Sachsen nicht, sonderlich die Niederländer." „Ja die Bayern verstehen bisweilen Einer den Andern nicht recht, was grobe Bayern sind. Alle Nationen gegen Sachsen sind einfältig." „Dr. Martin Luther gedachte auch der deutschen Sprache, daß sie mancherlei Unterscheid hätte, zog aber die hessische Sprache den andern allzumal für, als welche

(729)

die Worte pronuncirte und redete mit einem Accentu, gleich als sängen sie dieselbigen. Oesterreicher und Bayern hielten keine Diphthongos, sagen uwer, Fuhr, Brout für euer, Feuer, Brod. Also redeten auch die Franken grob mit ungehofelter Zunge: ko, jo ꝛc."

Daß der Uebergang zur Schriftsprache des Reformators nicht von einem Tag auf den andern sich vollzog, ist begreiflich, immerhin ist er rascher und gründlicher erfolgt, als bei der großen Ausdehnung des niederdeutschen Sprachgebietes und der nachwirkenden Tradition der niederdeutschen Literatur anzunehmen wäre. „Seit 1500", sagt Lübben in seiner Charakteristik der niederdeutschen Literatur, „ist ein merklicher Rückgang wahrnehmbar, die Formen werden unreiner, die Orthographie verwildert, die Darstellung wird unzarter, die syntaktischen Fügungen, die früher leicht, gefällig und durchsichtig waren, werden unbequemer ... man hört den Wurm bohren, der in das Mark der niederdeutschen Sprache sich hineinzunagen beginnt." — Niederdeutsche Bibelübersetzungen sind schon vor Luther verschiedentlich gedruckt worden, die eine vermuthlich zu Köln um's Jahr 1480, die andere zu Lübeck 1494. Eine dritte niedersächsische Bibel ist zu Halberstadt 1522 gedruckt. Von der Lutherschen Bibelübersetzung erschien das Neue Testament schon 1522 niedersächsisch zu Wittenberg und in den folgenden Jahren bis 1532 an fünfzehn Orten nachgedruckt. Von den vollständigen niedersächsischen Lutherbibeln, deren Göze in seiner Geschichte der niedersächsischen Bibeln vierundzwanzig angiebt, ist die Lübeckische Ausgabe von 1534 die älteste. In der kleinen Erinnerung, die dieser Bibel mit Luthers Vorrede vorgesetzt ist, sagt Johannes Bugenhagen: De Uthlegynge Doctoris Martini Luthers, mynes leven Heren unde Vaders in Christo, ys in dysh sassesche Düdesch uth dem Höchdüdeschen vlitich uthgesettet, uth synem Bevele." — Eine neue niederſächſiſche Bibelüberſetzung veranſtaltete 1596 David Wolder, Paſtor zu Hamburg. Als Urſache giebt er an, daß er in den neunzehn Jahren, die er zu Hamburg ſeinen Landsleuten das göttliche Wort in ihrer und ſeiner Mutterſprache geprebigt, an der ſächſiſchen Bibel nicht ohne Seufzen und Schmerzen wahrgenommen habe, daß dieſelbe an ſehr vielen Orten zum Theil mit Dr. Luthers Bibel nicht übereinſtimme, zum Theil auch gegen der ſächſiſchen Sprache ſeine Natur und Art gezwungen und ſeltſam in aller vernünftigen Niederſachſen Ohren klinge. Seine Leſer nennt Wolder „mine leven Sassen" und verſpricht, ſeine Ueberſetzung in der „purreinen sassischen Sprake" zu liefern. — Die letzte niederſächſiſche Bibel iſt zu Goslar 1621 gedruckt, das Neue Teſtament beſonders zu Stettin 1604, zu Lübeck 1615, zu Hamburg 1605, 1619 und 1620, und der Pſalter vermuthlich ebendaſelbſt 1621. Kinderling in ſeiner Geſchichte der niederſächſiſchen Sprache findet in dieſem plötzlichen Aufhören der niederdeutſchen Schriftſprache eine Beſtätigung ſeiner Muthmaßung, daß die niederdeutſche Mundart vornehmlich durch den dreißigjährigen Krieg aus den Schriften verdrängt worden iſt.

Daß hochdeutſche Predigt an manchen Orten Niederdeutſchlands wohl verſtanden wurde, bezeugt Luther ſelbſt in einem Schreiben an den Rath von Göttingen. Die niederdeutſchen Kirchen- und Polizeiordnungen, wie ſie in Hamburg, Lübeck, Lüneburg, Braunſchweig, Stettin, Roſtock, Magdeburg ꝛc. noch beſtanden, machten nach und nach ebenfalls der hochdeutſchen Amtsſprache Platz.[8]

In der Geſchichte der Diözeſen Magdeburg und Halberſtadt von Georg Torquatus, verfaßt 1567—1574, wird angegeben, daß in den genannten Landſtrichen die ſächſiſche Sprache gebraucht werde, aber eine viel weniger barbariſche als die im Weſten und Norden übliche, wie ſie früher allerdings auch in

Magdeburg geherrscht habe und bei den unteren Ständen und Bauern noch gesprochen werde. Er ermahnt die Hüter und Diener der Kirche, die Verbesserung der sächsischen Sprache im Auge zu behalten und sich von Jugend auf die Anmuth der meißnischen Sprechart anzugewöhnen. Im Saalkreise sei diese bereits durchgedrungen, während noch nicht so lange vorher das Sächsische dort geherrscht habe. Etliche alte und glaubwürdige Bürger von Halle, die selber noch sächsisch redeten, hätten ihm oft versichert, die meißnische Sprache sei erst zu ihren Zeiten eingeführt worden. Torquatus führt ferner den Einfluß der hochdeutschen Universitäten Wittenberg und Leipzig auf die sie besuchenden Studenten an. Gelehrte und durch Reisen Gebildete könnten nur mit größter Schwierigkeit das Sächsische anwenden und nur mit größtem Widerwillen es angewendet sehen. — Junge Niederdeutsche reisten nach Meißen, um ein gutes Hochdeutsch zu lernen.

Der Würzburger Laurentius Albertus, Verfasser der ersten vollständigen deutschen Grammatik, 1573, sagt: „Leichtlich wird, was die Sachsen ganz ehrlich meinen, von den Hochdeutschen zur Herabsetzung und zweideutigen Auslegung verdreht." Das Niederdeutsche theilt er ein in die „obere, uns näher stehende Sprache, deren sich bedienen Hessen, Westfalen, Kölner, Belgier, Obersachsen(??), Märker, Preußen, Pommern, und die niedere bei allen Stämmen, die dem Meere zu wohnen; deren Mundarten und Dialekte sind heute noch ungepflegt und im Naturzustande. Diejenige Sprache aber, die in diesem Buche gelehrt wird, ist allen oberdeutschen Völkerstämmen gemeinverständlich, in ihr sind auch die aus den bedeutendsten Druckereien ausgehenden Werke verfaßt, nämlich zu Mainz, Ingolstadt, Nürnberg, Augsburg, Basel, Frankfurt, Wittenberg. Wenn ein Fremder diese Sprache gelernt hat, so wird er überall und zur Noth auch von den Niederdeutschen verstanden."

Ungefähr um 1580 ist der Sieg der meißnischen, d. h. der Luthersprache, in Süd und Nord entschieden, und nun beginnt auch der Name „hochdeutsch", der bisher soviel als „oberdeutsch" und nur der geographische Gegensatz zum Niederdeutschen gewesen, die Bedeutung von „gutdeutsch" anzunehmen, die erhabene, die Schriftsprache zu bezeichnen gegenüber der gemeinen und wandelbaren Volksmundart.

Ein Grund für das Aufgeben der niedersächsischen Schriftsprache ist sicherlich auch das Fehlen einer gelehrten Literatur gewesen. Die Stralsunder Schulordnung von 1591 beklagt es als eine Hemmung der Studien, daß es keine Interpretation der Klassiker auf Niederdeutsch gebe, sondern nur auf meißnisch, schwäbisch oder elsässisch. — Zwar schrieb 1582 der Rostocker Professor Nathan Chyträus ein lateinisch-sächsisches Wörterbuch für die Schule, wobei er nach seinen eigenen Worten es nicht verschmähte, von Bauern, Schiffern, Metzgern, Handwerkern, ja von geringen Weiblein Ausdrücke zu lernen. Im Jahre 1625 erschien dieses Buch zum viertenmal, dann nicht wieder. — Fast nur noch zu Gelegenheitsgedichten oder Humoresken und Satiren wählte man jetzt die heimische Mundart. In den Dramen des Herzogs Heinrich Julius von Braunschweig (1564—1613) redet der Schalk stets niederdeutsch und öfters auch sonst die geringeren Personen in der oder jener anderen Mundart: meißnisch, thüringisch, schwäbisch u. a. Nur in dem Akte, wo der Schalk auch Hauptperson ist, spricht er ebenfalls hochdeutsch. Dieser Sprachenwechsel scheint damals sehr beliebt gewesen zu sein. Unter den vielen Schauspielen, die Niederdeutsches einmischen, ist als besonders bezeichnend hervorzuheben das zuerst 1609 zu Magdeburg erschienene Spiel von der blinden Liebe durch Gabriel Rollenhagen den Jüngeren: „Alles nach Art und Weise der jetzigen getroffenen Venussoldaten auf gut sächsisch gereimet". Von den Personen des Stücks reden der Knecht und die Magd plattdeutsch, die anderen von vornehmerem Stande hochdeutsch.[9] — Der Magdeburger Gabriel Rollenhagen der Aeltere aber, der 1603 altgriechische Anekdoten „in unser gewöhnliches Teutsch" übersetzte, meint damit nicht das Niedersächsische seiner Heimath, sondern die meißnische Schriftsprache.

Nicht genug also, daß aus dem Schriftgebrauche das Niederdeutsche verdrängt ward, auch in der Sprache des Verkehrs begann es bereits gegenüber dem vornehmeren Hochdeutsch für ein Zeichen der Unbildung gehalten zu werden. Johannes Micraelius in seiner Beschreibung des alten Pommerlandes, 1639, klagt darüber: „Wir Sachsenleute haben nun auch eine Zeitlang an unserer Muttersprache einen solchen Ekel gehabt, daß unsere Kinder nicht ein Vaterunser, wo nicht in hochdeutscher Sprache, beten, und wir keine pommersche Predigt fast mehr in ganz Pommern hören mögen, weil es Alles muß hochdeutsch gebetet, geprediget, gesungen, geschrieben, geredet und verabschiedet werden...... Das Alte muß dem Neuen weichen, und wer kann wider eines ganzen Leibes Gewohnheit?"

Ein warmer Vertheidiger des Niederdeutschen ist der mecklenburgische Dichter Johann Lauremberg. In seinen niederdeutschen Scherzgedichten, 1652, geißelt er das Verlassen der alten Sitte und Sprache. Wie sehr er aber tauben Ohren predigte, lehrt die Thatsache, daß ein einziger von seinen Zeitgenossen diese Gedichte erwähnt oder rühmt. Lauremberg hält das Niedersächsische für die unverfälschte deutsche Sprache, das Hochdeutsche nennt er läppisch und irreführend; aber einen Vertreter desselben muß er doch zum Niederdeutschen sagen lassen:

> Ja selbst in eurem Land, bei euren Landesleuten,
> In allen Kanzelei'n ist unsre Sprach gemein;
> Was deutsch geschrieben wird, muß Alles hochdeutsch sein.

schaft zu Leipzig geht von dem Satze aus, „daß es nützlich und möglich sei, die niedersächsische Sprache allmählich abzuschaffen." Wie bescheiden lautet die Gegenäußerung:

Wo ist des Sprachrechts Sitz? Wes Beispiel soll man wählen?
Der Sachse kann so oft als selbst der Schweizer fehlen.
Wenn Niemand klagen kann: so ist die Mundart frei,
Ein ungewohnter Ton ist keine Barbarei.
(Bremer Beiträge, Jahrgang 1746.)

Erst in den siebenziger Jahren wird durch Herder, der in den epochemachenden „Blättern von deutscher Art und Kunst" auf die sinnliche, unverfälschte Sprache des Naturmenschen hinweist und diese Ansicht durch seine Sammlung von Volksliedern erhärtet, der Bann gebrochen, der über der Volkssprache lag. Herders Auftreten bezeichnet den eigentlichen Ausgangspunkt für die mundartliche Literatur. In diesem Sinne dichtete zuerst Voß niederdeutsche Idyllen. Er wollte dadurch „die reiche und wohllautende Sassensprache nach den Regeln, wie sie bis zu seinen Elternvätern vor Gericht, auf der Kanzel und in gebildetem Umgang gehört, in geistlichen und weltlichen Liedern gelesen wurde, mit Auswahl behandeln." Das Ziel der Schaffung eines gemeinsamen niederdeutschen Literaturdialektes war freilich zu weit gesteckt, nachdem diejenigen Klassen der norddeutschen Bevölkerung, die für diese Idee Verständniß gehabt hätten, sogar im mündlichen Umgang das Niederdeutsche verlernt hatten. Die sprachlichen Zustände Hamburgs z. B. werden in einem Reiseberichte von 1774—75 dahin geschildert: „Die Sprache der Hamburger sollte eigentlich plattdeutsch sein, und die Sprache, wenn man sie in der Gewalt hat, ist nervös, (d. h. nervig), angenehm und zum Singen geschickt, hat ihre eigenen Redensarten und ihre eigenen Schönheiten. Man hat Hochzeitsgedichte, die zum Scherz in dieser Sprache verfertigt sind und wahre Meisterstücke heißen können, aber Viele verstehen sie gar nicht und lernen sie nicht. Man redet hochdeutsch, aber in einem erbärmlichen Dialekt." — Immerhin haben wir auch Zeugnisse gegentheiliger Art. Jung-Stilling erzählt von einem Prediger der niederrheinischen Stadt Duisburg im letzten Viertel des vorigen Jahrhunderts: „Er predigte in einem schönen und sehr verständlichen Stil in hochdeutscher Sprache, aber nun stand er auf und sagte: Es sind wohl noch viele alte Mütter und gute fromme Seelen zugegen, die mich wohl nicht ganz verstanden haben: mit denen muß ich plattdeutsch sprechen. Dies geschah nun mit einer solchen Würde, Herzlichkeit und Einfalt, daß die ganze Gemeinde tief gerührt weinte." — Eine Schilderung des Lebens und Treibens in der preußischen Stadt Marienburg zu Ende des achtzehnten Jahrhunderts bemerkt, wie durch das Zuströmen vieler fremder Beamten die Sprache gehoben wurde und sich, wenigstens in den höheren Schichten der Gesellschaft, dem früheren Patois entraffte. „Indessen hatte auch der Dialekt seine Liebhaber. Es ward ein Bund von jungen Damen feierlichst beschworen, die affektirte neumodische Art zu sprechen auf keine Weise anzunehmen, sondern fest und treu bei der edlen Sprechart der Vorfahren zu verharren, und sie haben ihren Eid treu bis an ihr Ende gehalten."

Schütze, Verfasser eines holsteinischen Idiotikons (1800 bis 1806), bemerkt in der Vorrede: „Ich bin der Meinung, daß unsere Prediger auf dem Lande, vorzüglich in weit von den Städten entfernt liegenden Dörfern, nicht übel thun, ihren Gemeinden verständlicher werden und mehr Nutzen stiften würden, wenn sie plattdeutsch predigten, als wenn sie sich, wie manche unter ihnen, von Lehrstühlen für das Volk herab in philosophischen, ästhetischen, allzu hochdeutschen oder hohen Redensarten ergießen, die an tauben Ohren verhallen. Beim Katechisiren wenden einige unserer holsteinischen Land- und Dorfprediger

> In Kirchen wird Gotts Wort in unsrer Sprach gelehret,
> In Schulen, im Gericht wird nur Hochdeutsch gehöret.
> Eur eigne Muttersprach ist bei euch selbst unwerth;
> Wer öffentlich drin redt, den hält man nicht gelehrt.

So lange in niederdeutscher Sprache Bücher gedruckt wurden, hieß sie die „sassische", Lauremberg nennt sie auch „nebberbüdisch" und „nebbersassisch"; nunmehr kam, gleichsam um ihre Erniedrigung zur blosen Volksmundart mitzubezeichnen, um die Mitte des siebenzehnten Jahrhunderts die Benennung „plattdeutsch" auf. Der Ausdruck muß bald verbreitet und gefestigt gewesen sein, denn schon 1704 nimmt ein Vertheidiger des Niederdeutschen, der Theologe Raupach zu Rostock, keinen Anstand, eine Schrift zu betiteln „Von unbilliger Verachtung der plattdeutschen Sprache". Er erhebt bittere Klagen darüber, daß die plattdeutsche Sprache trotz ihrer Zierlichkeit, Anmuth und Fülle aus öffentlichen Reden, Predigten, Hochzeits- und Leichengedichten verbannt sei und ihren Aufenthalt in elenden Bauernhütten suchen müsse. Die Schriften, sagt er, die darin verfertigt werden, lasse man von den Mäusen fressen oder mache Pfefferbüten daraus, ja man müsse nicht ohne Grund in Angst stehen, daß sie mit der Zeit in gleichem Werthe mit der Hottentottensprache würde gehalten werden. Hingegen habe man überall ich weiß nicht was an der meißnischen Sprache gefressen; selbige werde so gemein, daß wenn ein Pflugknecht höflich thun wolle und ein Bauer sich den Schnabel begossen habe, so müsse er meißnisch reden.

Im Laufe von nicht viel mehr als anderthalb Jahrhunderten ist mithin eine Bewegung zum Abschluß gelangt, durch welche die niederdeutsche Sprache nicht blos aus dem schriftlichen Gebrauche, sondern sogar aus der Mundart Derjenigen verdrängt wurde, die berufen gewesen wären, sie vor der Verrohung und Verarmung in den niedersten Schichten des Volkes zu bewahren.

Ein Hauptgrund dieser auffallenden Erscheinung liegt wohl darin, daß Niederdeutschland während des siebenzehnten Jahrhunderts und später noch durch eine Reihe von Schriftstellern an der Ausbildung der deutschen Literatur selbst hervorragenden Antheil nimmt. Der bedeutendste Grammatiker des siebenzehnten Jahrhunderts, Schottel, ist ein geborener Niederdeutscher. Ihm sind die Mundarten ein „Pöbelgebrauch", mit dem die Grammatik nichts dürfe zu schaffen haben. — Die Sprachgesellschaften dieser Zeit, vorab die 1617 vom Fürsten Ludwig von Anhalt gestiftete Fruchtbringende, welche neben der Bekämpfung der Fremdwörter zum Ziele haben, im Reden und Schreiben der besten Aussprache, des Hochdeutschen natürlich, sich zu befleißigen, setzen sich vorwiegend aus Norddeutschen zusammen. Um 1700 schon wird von Grammatikern die Beobachtung gemacht, am reinsten, besser als der Oberländer, spreche ein geborener Niedersachse, Märker, Pommer, Westfale, Braunschweiger das Hochdeutsche aus, weil er diese Sprache meistentheils aus den Büchern erlernen müsse. Gottscheb, der obersächsische Sprachdiktator, der die Schriftsprache nach feststehenden, auf den Gebrauch des Hofes zu Dresden gegründeten Regeln von allen Gebildeten nicht nur gleichmäßig geschrieben, sondern auch gesprochen wissen will, umschreibt das Gebiet des reinen Hochdeutsch mit: Meißen, Voigtland, Thüringen, Mansfeld, Anhalt, Lausitz und Niedersachsen. „In allen diesen Landschaften wird in den Städten unter vornehmen, gelehrten und gesitteten Leuten ein recht gutes Hochdeutsch gesprochen." — Von Anderen werden die Schriftsteller Brandenburgs wegen ihrer von Provinzialismen besonders freien Sprache gelobt. — So findet die Schriftsprache gerade da Pflege und Ausbildung, wo sie ursprünglich als Feind eingedrungen.

Eine Abhandlung in den „Nachrichten und Anmerkungen" der unter der Leitung Gottscheds stehenden Deutschen Gesell-

Die Beseitigung dieses Hindernisses erwartet Wienbarg in allererster Linie von der Aufklärung und von der Schule. Auch die Einführung von periodischen Blättern, Zeitungen könne Vieles wirken. Bestrebungen in dieser Richtung wären weit gemeinnütziger und volksfreundlicher als die plattdeutsche Propaganda, die darauf ausgehe, die Kenntniß des Hochdeutschen zurückzudrängen und die Bevölkerung zu Gunsten des Plattdeutschen von der hochdeutschen Sprache möglichst ferne zu halten.

Würden diesen Angriffen gegenüber die Vertheidiger der Mundart sich beschränken, darauf hinzuweisen, daß weder der Geistliche noch der Richter oder der Beamte ihrer Autorität vergeben, wenn sie mit dem Volke in seiner Sprache verkehren; daß nur der gedankenlos nach der Seminarschablone arbeitende Lehrer in der Mundart ein Hemmniß erblickt, während er im Gegentheil durch die beständige Hervorhebung ihres Unterschiedes zur Schriftsprache ein wirksames Mittel der Befruchtung und Belebung des Unterrichtes in der Hand hat und dadurch zugleich einer charakterlosen Verquickung beider Sprachelemente vorbeugt; daß eine Pädagogik, welche den mundartlichen Verkehr zwischen Lehrer und Schüler sogar außer der Schulstunde verbietet, zur Unnatur und Entfremdung führt; daß das Verschwinden der Mundart für die große Masse der Bevölkerung durchaus nicht ein reines Hochdeutsch, sondern den greulichen Großstadtjargon und eine geistige Verarmung zur Folge hat; würde der 1875 gegründete Verein für niederdeutsche Sprachforschung neben seiner wissenschaftlichen Aufgabe die praktische Seite mehr ins Auge fassen — so wäre noch Aussicht auf ein harmonisches Nebeneinanderleben vorhanden. — Statt dessen träumt Klaus Groth (Ueber Mundarten und mundartige Dichtung, 1873) von der Schöpfung einer allgemeinen niederdeutschen Schriftsprache, der sich auch Holländer und Vlämen anschließen sollen, und vergißt ob dieser utopischen Forderung die naheliegende, daß auch unter den Gebildeten die Sprache des täglichen Lebens die plattdeutsche sein sollte, und daß man sie nicht zum Aschenbrödel für kleine Kinder und Dienstboten herabwürdige.

In Berichten aus den fünfziger Jahren wird bemerkt, daß das Plattdeutsche da, wo es zum Theil noch in den höheren Ständen die gewöhnliche Umgangssprache sei, also in den Küstenstrichen Mecklenburg, Ostfriesland, Holstein, am reinsten gesprochen werde, während es im Innern Hannovers, in Braunschweig und in den angrenzenden preußischen Ländern aus den gebildeten Schichten der Gesellschaft verdrängt und im Munde des niederen Volkes durch die Vermischung mit hochdeutschen Elementen ausgeartet sei. — 1869 sagt der Herausgeber des Schlußtheils des bremisch-niedersächsischen Wörterbuches: „In meiner Vaterstadt nähert sich die Muttersprache rasch ihrem völligen Untergang, dank den oberländischen Schullehrern, welche das Sprechen derselben sogar im Elternhause verbieten, und der Eitelkeit der niederen Stände, die, wenigstens zunächst, dafür ein gar armseliges Hochdeutsch eintauschen. Aber daß die jüngeren Generationen der höheren Stände das Niedersächsische ganz aufgeben, ist auch nicht ohne Bedenken. Bisher konnten wir aus unserer treuherzig-derben, kraftvollen Muttersprache, die sich hoffentlich auf dem Lande noch lange halten wird, in unsere vornehme Schulsprache nichts aufnehmen. Das wird anders werden, wenn sich erst ein hochdeutscher bremischer Dialekt herausgebildet hat. Die Niedersachsen redeten deshalb ein reineres Deutsch als andere Stämme, weil sie zweisprachig waren, weil das Niedersächsische, das dem Hochdeutschen nicht als Dialekt, sondern als Sprache der Sprache gegenübersteht, das letztere gerade vor Verfälschung schützte. Die Forderung aber, daß wir Norddeutsche, die wir doch ein leidlich reines Hochdeutsch sprechen, sich oft an das Plattdeutsche, wenn sie mit dem Hochdeutschen bei der Dorfjugend nicht ausreichen, und es gelingt ihnen, dem Fassungsvermögen näher zu kommen, woran sie sehr wohl thun."

Welchen Aufschwung in unserem Jahrhundert die niederdeutsche Dialektschriftstellerei durch Fritz Reuter und Klaus Groth genommen, ist bekannt. Aber diese literarische Erhebung ist zu spät gekommen, um der Mundart die entfremdeten Kreise wiederzugewinnen, und der Beifall, den die Werke Fritz Reuters über die Grenzen ihres Dialektgebietes hinaus gefunden, scheint mehr dem schriftstellerischen Talente als der Sprache des Autors zu gelten. Die Dialektliteratur spricht zwar die Sprache des Volkes oder sucht sie zu sprechen, aber sie stammt nicht aus dem Volk und hat keinen Einfluß auf dasselbe. Sie ist ein Erzeugniß einer raffinirten und reflektirten Bildung, die sich theils aus bloser Kuriosität, theils aus einem gewissen Drange nach einem frischeren und naturwüchsigeren Material, als es die leblose Büchersprache gewährt, damit beschäftigt. Und wie beschränkt ist ihr wirklicher Erfolg, wenn man nur die Zahl der Lesenden und Theilnehmenden veranschlagt! Es sind nicht viele Gebildete imstande, einen anderen Dialekt als den ihrigen zu verstehen. Die Mode beschränkt sich gewöhnlich darauf, für den mundartlichen Schriftsteller zu schwärmen und seine Bücher ungelesen zu lassen. — Das ist auch die Meinung des Literarhistorikers Karl Göbeke. Seitdem das Plattdeutsche die Sprache der niederen und ungebildeten Stände geworden, bestehe in Norddeutschland eine Kluft zwischen zwei Sprachen, von denen die eine durch innere Bildung weit vorgeschritten, die andere in Dürftigkeit und Rohheit zurückgeblieben sei. Der Norddeutsche denke nur hochdeutsch und der Uebergang ins örtliche Platt habe bei ihm einen vorwiegend komischen Charakter. Die mundartliche Dichtung

Norddeutschlands könne deshalb nur komisch sein. Die ganze Richtung auf mundartliche Dichtung sei überhaupt nicht als ein Fortschritt zu betrachten, da sie die Empfindungen und Gedanken des Hochdeutschen der Mundart unterschiebe oder im Platten und Rohen der Mundart versinke. Einzig als Material für den Sprachforscher habe sie einen Werth.

Die Frage, ob das Plattdeutsche als Umgangssprache durch das Hochdeutsche zu ersetzen sei, steht beständig auf der Tagesordnung. Ein Vortrag, gehalten 1824 in der philomathischen Gesellschaft zu Rostock, führt den charakteristischen Titel: „Ueber die Unvollkommenheit der plattdeutschen Sprache und die zu wünschende gänzliche Verbannung dieser Mundart, wenigstens aus den Zirkeln gebildet sein wollender Leute." — Vom demokratischen Standpunkte aus verfocht sodann der Schriftsteller Ludolf Wienbarg die Ausrottung der plattdeutschen Sprache (1834 und 1860). Daß die plattdeutsche Sprache aussterben müsse, gilt ihm als zweifellos; jede Sprache, die nicht Schriftsprache, Sprache der Bildung, des geschichtlichen Fortschrittes, der politischen, religiösen, wissenschaftlichen, artistischen Bildung ist, müsse beim Stand und Gange unserer Kultur einer Schrift- und Bildungssprache Platz machen. Weil die plattdeutsche Sprache seit dem sechszehnten Jahrhundert dieses nicht mehr sei, verurtheile sie den weit größten Theil der Volksmasse in Norddeutschland zu einer Unmündigkeit, Rohheit und Ideenlosigkeit, die vom Zustande der Gebildeten auf die grellste und empörendste Weise absteche. Eine unerträgliche Mundfaulheit und Wortverstümmelungssucht kennzeichne das heutige Plattdeutsch. Dieses sei wahrscheinlich die Fortsetzung einer von den mehr ungebildeten Klassen in Niedersachsen schon im Mittelalter gesprochenen Sprache, die neben der allgemeinen niederdeutschen Schrift- und Landessprache bestanden haben kann.

um der politischen Einheit willen unsere Muttersprache aufgeben sollen, klingt doch zu seltsam aus einem sächsischen, pfälzischen, schwäbischen, bayerischen Munde. Wir sollten vielmehr alles aufbieten, sie zu erhalten."

Es würde dem Laufe der geschichtlichen Entwickelung, deren Zeugen wir sind, widersprechen, wäre es in jüngster Zeit anders geworden. Zu der zerstörenden Wirkung der Schule tritt der Einfluß der in die abgelegensten Winkel dringenden Tagespresse, das Streben nach dem Firniß der Bildung, bedingt durch den unserer Zeit angeborenen Gleichheitstrieb. Wer gebildet sein will, sucht sich so vollständig als möglich der Norm der höheren Sprache anzubequemen. Sein Ideal ist, zu sprechen wie ein Buch, ein Ausdruck, der charakteristisch genug oft in lobendem Sinne gebraucht wird. — Die immense Steigerung des Verkehrs, der Militärdienst und berechnete administrative Maßregeln würfeln die Angehörigen der verschiedensten Gegenden und Stände durcheinander. Die Eisenbahnpfeife hat lokaler Mundart, lokalen Sitten, Sagen und Gebräuchen das Grablied geklungen. Und wo noch ein Vertheidiger der angestammten Sondersprache auftritt, da wird ihm das Motiv entgegengehalten, die Spracheinheit sei eine Grundbedingung der politischen Einigung. — Es ist unnütz, über diese Thatsache in Klagen auszubrechen.... „Das Niederdeutsche gleicht jetzt einer umgehauenen Eiche, die zwar von der Wurzel aus noch kräftig Schößlinge treibt, aber ihre majestätische Krone verloren hat." (Lübben.)[10]

Anmerkungen.

[1] „Superior juxta septentrionalem Oceanum, inferior circa Rhenum".

[2] Beiläufig sei hier bemerkt, daß die Mönche des achten und neunten Jahrhunderts ihre schwierige Aufgabe, die bisher blos gesprochene Sprache durch das traditionelle lateinische Alphabet zu firiren, mit bewunderungswürdiger Genauigkeit und Feinheit in einer auch für uns verständlichen Weise gelöst haben. Dieses Lob, mit den einfachsten Mitteln Bedeutendes geleistet zu haben, kommt ihnen viel mehr zu als den verwickelten phonetischen Transskriptionssystemen der Gegenwart, die lateinische, griechische und Sanskritbuchstaben unschön mischen und sich schließlich insofern in einem circulus vitiosus bewegen, als sie zur Erklärung des Lautwerthes ihrer Zeichen doch wieder auf die heutige Orthographie und Aussprache zurückgreifen müssen.

[3] Geschichte der deutschen Sprache, S. 417.

[4] Zur Geschichte der deutschen Sprache, zweite Aufl., S. 171.

[5] Vgl. Piper: Die Verbreitung der deutschen Dialekte bis um das Jahr 1300. Mit einer Karte. Lahr 1880.

[6] Es scheint sonach die in österreichischen Landen, in der Schweiz und im Elsaß heute noch übliche vulgäre Bezeichnung der Deutschen als „Schwaben" auf ein hohes Alter Anspruch zu haben, wenn schon die beiden letztgenannten Landschaften zu der in Rede stehenden Zeit seltsamer Weise gerade einen Theil von Schwaben ausmachten.

[7] Vgl. Lübben im Jahrbuch des Vereins für niederdeutsche Sprachforschung, 1875, S. 5 ff.

[8] Vgl. Pietsch: Martin Luther und die hochdeutsche Schriftsprache, S. 75.

[9] Das niederdeutsche Volkstheater, insbesondere das Hamburger, hat überhaupt von Anbeginn bis auf die neueste Zeit niemals gänzlich auf die Mitwirkung des Niederdeutschen verzichtet. Vgl. hierüber das schöne Buch von Gäderz: Das niederdeutsche Schauspiel, Berlin 1884.

[10] Ein ausführliches Werk des Verfassers vorliegender Abhandlung, an der Hand der Zeugnisse aus den verschiedenen Jahrhunderten die Entwickelung der deutschen Schriftsprache und ihr Verhältniß zu sämmtlichen Dialekten darstellend, ist unter dem Titel „Schriftsprache und Dialekte im Deutschen" bei Gebr. Henninger in Heilbronn erschienen.

One

niederdeutsche Sprache

und

Literatur.

Von

Dr. Gustav Dannehl.

Berlin, 1875.
C. G. Lüderitz'sche Verlagsbuchhandlung.
Carl Habel.

Das Recht der Uebersetzung in fremde Sprachen wird vorbehalten.

Kaum ein Theil des geiſtigen Beſitzthums unſeres Volkes iſt in ſeinem Werthe und in ſeiner Bedeutung ſo mißachtet, von ſo wenigen in ſeinem innerſten Weſen gekannt, als die niederdeutſche oder plattdeutſche Sprache. Unſeren oberdeutſchen Landsleuten war ſie ganz fremd, bis die Erfolge der Dichter Klaus Groth und Fritz Reuter die Kunde von dieſer ſprachlichen Eigenart ſiegreich über die Grenzen ihres Gebietes trugen. Die niederdeutſchen Landbewohner, deren eigentliche Mutterſprache das Plattdeutſche iſt, wiſſen kaum, was ſie an ihr haben und fangen an ſich ihrer zu ſchämen. Und wie hätte es anders ſein können? Sobald das Kind die Schule betritt, ſieht es die Sprache, in der Vater und Mutter, Geſchwiſter und Geſpielen ſo traut und heimiſch zu ihm geredet haben, verfehmt und in den Bann gethan; den Vornehmen gewöhnt es ſich von dem Geringen, den Gebildeten von dem Ungebildeten daran zu unterſcheiden, ob er ſich des Niederdeutſchen oder der hochdeutſchen Buchſprache bedient. Viele ſelbſt literariſch Bewanderte ſtellen die hochdeutſchen Dialecte mit dem Plattdeutſchen auf eine Stufe, nennen Platt alles, was ſich von der Schriftſprache unterſcheidet, und fabeln von Schweizerplatt und dergleichen. Und das alles, weil ſie in den Mundarten eine Entartung, eine Corrumpirung der Schriftſprache ſehen. Noch unklarer wird der Begriff dadurch, daß bei der großen, oft von Ort zu Ort wechſelnden

Verschiedenheit der niederdeutschen Dialecte, des Westphälischen, Holsteinischen, Mecklenburgischen, Märkischen u. s. w. jeder Stamm einzig seinen eigenen für echtes Plattdeutsch hält. Grade bei den Gebildetsten unseres Volkes, wofern sie nicht zu den Germanisten vom Fach gehörten, war diese Sprache am meisten in Vergessenheit gerathen. Wer wußte, wer weiß selbst jetzt noch etwas von dem reichen Schatz literarischer Erzeugnisse, welche frühere Jahrhunderte auf niederdeutschem Boden und in niederdeutscher Mundart hatten erwachsen sehen. Bis vor wenigen Jahrzehnten war eine Sprache, die Millionen unserer Landsleute als ihre Muttersprache betrachten, literarisch verstummt, wie die Brynhild der altgermanischen Edda-Dichtung, wie das Dornröschen unseres Volksmärchens gleichsam in einer Verzauberung befangen. Hie und da waren seit dem zweiten oder dritten Decennium unseres Jahrhunderts Männer ohne eine recht ursprüngliche Dichterkraft aufgetreten und hatten versucht die Dornhecke eines unglaublich fest eingewurzelten Vorurtheils zu durchbrechen, das in gänzlicher Verkennung der richtigen Bedeutung des Namens Plattdeutsch, das heißt Niederdeutsch, in dieser Mundart einen gemeinen entarteten Dialect des Hochdeutschen sehen wollte. Als Repräsentant dieser Gattung von Schriftstellern kann der bekannte Humorist Bornemann gelten. Sie selbst hielten das Niederdeutsche nicht für fähig, in einem höheren Genre, als im Schwank angewendet zu werden. Selbst der jüngst heimgegangene Reuter, der hernach so Bedeutendes geleistet und die der Sprache innewohnende natürliche Bildlichkeit und unverdorbene Gewalt so überraschend dargethan und so schön zum Ausdruck gebracht hat, ist wohl in der ersten Periode seines Schaffens nicht ganz frei gewesen von dem erwähnten Vorurtheil, an dem kleinere Geister scheitern mußten, denn seine früheren Dichtungen, ein so köstlicher Humor auch in ihnen lebt, erheben sich nicht über die Gattung des niedrigkomischen. Und doch hatte Klaus Groth, der sinnige gemüthvolle Dichter den Wall schon durchbrochen und den Zauber schon gelöst. Nur ihm, dem Angehörigen eines Stammes bei dem, wie in den Ditmarschen, das Plattdeutsche nicht blos die Sprache des ungebildeten Volkes, sondern ebensogut die Sprache der Besten und Gebildetsten war, konnte der Muth innewohnen den Vorurtheilen entgegen der Welt zu beweisen, daß das Zarteste und Lieblichste, wie das Kraftvollste und Ergreifendste in dieser Sprache sehr wohl zum Ausdruck gelangen könne. War denn nicht in seiner Heimath von je her alles, was das Menschenherz in Freud' und Leid bewegt, in dieser Mundart ausgesprochen und niedergeschrieben worden, und sollten die Thaten jener heldenmüthigen Altvordern der Ditmarsen, welche die Geschichte mit Leonidas und den Seinen vergleichen durfte, nicht in denselben Lauten besungen werden können, in welchen sie ihren Schlachtruf, ihre Siegesfreude und ihre Heldenklage erklingen ließen? Der außerordentliche Erfolg des Quickborn, erst in der engeren Heimath, wo man ihn nur „das Buch" nannte und dann in immer weiteren Kreisen, zeigte, daß das Niederdeutsche noch recht wohl zur Dichtersprache sich eigne, wie es bis vor wenig Jahrhunderten, stellenweis noch länger, im ganzen Norden Deutschlands die Sprache des Kultus, der Kanzlei, der Schulen und der gesammten Literatur gewesen war.

Aber mit wie lebhaftem Interesse nicht blos die Norddeutschen, sondern auch die dem Idiom ferner stehenden Stämme die Dichtungen Klaus Groths und Fritz Reuters aufgenommen haben: welche Stellung das Plattdeutsche vor der Durchführung unserer Spracheinheit im Schriftdeutschen eingenommen hat, wodurch es sich von diesem unterscheidet, welche Vorzüge es vor diesem hat, wie weit sich sein Gebiet und das seiner Unterdialecte erstreckt, seine Bedeutung in nationaler, in politischer Hinsicht, die Darstellungsmittel, deren es fähig ist, welch ein ansehnlicher Schatz

von älteren Sprachdenkmälern, von Sprichwörtern, von Volksliedern, und sonstigen Dichtungen aller Gattungen noch vorhanden
ist oder der Entdeckung und Publicirung harrt, das alles darf
man wohl als ziemlich unbekannt voraussetzen, denn die Kunde
davon muß aus gelegentlichen zerstreuten Bemerkungen einer großen Anzahl meist nicht gemeinverständlicher literarhistorischer oder
sprachwissenschaftlicher Schriften zusammengelesen werden, die nicht
einmal leicht zugänglich sind. Selbst die Literatur (die Biblio-
graphie) des Niederdeutschen findet sich nirgends auch nur an-
nähernd vollständig zusammengestellt. Der Versuch der Darstellung
einer besonderen Geschichte der Literatur desselben ist nie gemacht
worden, man müßte denn die im Jahre 1800 erschienene Preis-
schrift von Kinderling dahin rechnen, welche außer einer dem heutigen Standpunkt der Wissenschaft nicht mehr angemessenen sprach-
geschichtlichen Einleitung wenig mehr als eine ungeordnete oder
wenigstens nur chronologisch gegliederte katalogartige Aufzählung
der bis dahin entdeckten oder nicht vergessenen Sprachdenkmäler
enthält, ohne jede Scheidung dessen, was für die Literaturgeschichte
in Betracht kommt und was nicht. Der Name Plattdeutsch, womit
man in neuerer Zeit die Sprache benennt, bezeichnet, wie schon
oben angedeutet worden ist, nicht etwa ein plattes Deutsch im
ästhetischen Sinne, d. h. nicht etwa einen corrumpirten, in's
Platte, Gewöhnliche, Gemeine, gezogenen Dialect des Hochdeutschen,
sondern diese Bezeichnung ist hergenommen von der Bodenbeschaf-
fenheit des Landes, in dem die Sprache erwachsen ist und in dem
sie herrscht: es ist die Mundart des flachen, ebenen Nordens unseres
Vaterlandes und neuerdings, seit kaum einem Jahrhundert, wo in
den größeren und großen Städten die hochdeutsche Schriftsprache
auch im täglichen Gebrauch das ursprüngliche Platt mehr und
mehr verdrängt hat, kann man in Norddeutschland mit diesem
Worte die Sprachweise der Bewohner des platten Landes, im

Gegensatz zu der der Stadtbewohner bezeichnen. Ich kann dem Leser hier eine etwas trockene Auseinandersetzung nicht ersparen, welche gleichsam der Schlüssel ist zu dem Verständniß der Entstehung und Ausbildung unserer sprachlichen Verhältnisse. Aus der Ursprache unseres Volkes entwickelte sich eine Reihe von Stammessprachen oder Stammesmundarten, die bei aller Verschiedenheit unter einander von der ältesten Zeit an sich in zwei Hauptgruppen schieden, in die Hochdeutsche und die Niederdeutsche. Eine einheitliche Schriftsprache, wie wir sie jetzt besitzen, bekam weder die eine noch die andere Gruppe für das Erste, wie auch ein einheitlicher Name für die verschiedenen Stämme und ihre Sprachweise, die Bezeichnung Deutsch vor Heinrich I., dem zweiten Stifter und Organisator des deutschen Reiches nicht nachweisbar ist, obwohl sich die Hauptstämme des Volkes, die Franken, Allemannen, Baiern, Schwaben, Thüringer, d. h. die Bewohner des gebirgigen Süd- und Mitteldeutschland, und die Sachsen, Angeln, Friesen und andere ihnen eng verwandte Stämme, d. h. die Bewohner des flachen Niederdeutschland sich ihrer Zusammengehörigkeit und ihres Gegensatzes gegen Slaven und Romanen schon weit früher bewußt waren.

Beide Gruppen haben nun während eines Zeitraums von etwa tausend Jahren parallel zweimal eine lautliche Wandelung erfahren, als deren Ergebniß folgende drei Sprachstufen zu betrachten sind.

   A. Hochdeutsche   B. Niederdeutsche
   1. Althochdeutsch   1. Altniederdeutsch
   2. Mittelhochdeutsch   2. Mittelniederdeutsch
   3. Neuhochdeutsch   3. Neuniederdeutsch.

Mehr dem Altniederdeutschen verwandt sind die später immer selbständiger sich fortentwickelnden nordischen Sprachen, sowie das Angelsächsische. Vom Mittelniederdeutschen zweigt sich das Holländische (Vlämische) ab, letzteres bis vor wenig Jahrhunderten kaum von den benachbarten niederdeutschen Dialecten des Rheinfränkischen und Westphälischen unterschieden. Auf jeder Stufe entfernen sich die beiden Sprachen mehr von einander, das Niederdeutsche zeigt ein größeres Beharren einmal von vorn herein durch das Festhalten einer älteren Lautstufe und dann durch eine geringere Wandelung der drei angeführten Stufen unter einander. Schon der plattdeutsche Dichter Laurenberg macht dies zum Lobe des Niederdeutschen dem Hochdeutschen gegenüber geltend mit den Worten:

> „Unse Sprake blyfft alltyd bestendig und rest
> As se ersten was, wen so is se ot lest
> Juwe verännert sick alle föfftig Jahr,
> Dat können de Schrifften bewiesen klar."

Um das Gesagte deutlich zu machen, muß ich eine kurze Auseinandersetzung des sogenannten Lautverschiebungsgesetzes hiehersetzen, welches unser bedeutendster Sprachforscher, Jacob Grimm, angeregt namentlich durch die feinen scharffinnigen Forschungen des Dänen Rasmus Christian Rask zuerst in seiner Totalität aufgestellt und mit einer Fülle von Beispielen belegt hat. Dieses Gesetz läßt sich ähnlich einer mathematischen Formel in einer Tabelle von drei Reihen von Consonanten ausdrücken und doch enthält es das Ergebniß einer Lebensarbeit und erweist sich als das Grundgesetz der Abstammung und Fortbildung der wichtigsten europäischen Stammsprachen. Einzelne Momente dieses Gesetzes waren allerdings lange vor Grimm beobachtet worden. So hatte schon Aventinus 1533 bemerkt, daß die Niederdeutschen p gebrauchten, wo die Sprache des Oberlandes pf, f, v hat, und daß die Niedersachsen t sprächen, wo das Hochdeutsche ein z oder s setzt, also **perd** statt **pferd**, **water** statt **wasser**, **to** statt **zu** u. s. w. und 1598 bemerkt ein Grammatiker in Anmerkungen zu Williram, daß die Niederländer das hochdeutsche z überall in t verwandelt hätten. Aehnliche freilich mit Irrthümern vermischte Bemerkungen in Beobachtungen fanden sich bei Franciscus Junius der 1677 starb und bei Daniel Morhof, „dem gelehrten Cimber-Schwan", wie ihn seine Zeitgenossen mit bombastischem Lobe nennen. Es bedurfte der genialen, zusammenfassenden Kraft eines Grimm, um mitten durch das Heer der Anomalien zu dem Gesetz hindurchzudringen, daß bei dem großen indogermanischen Sprachstamme Ableitung, Fortpflanzung und Fortbildung der einzelnen Zweige sich nach ganz bestimmten Gesetzen vollzogen habe.

Die drei Hauptconsonanten, nämlich die P-laute, die K-laute und die T-laute haben eine dreifache Lautstufe und sind nach dieser entweder Hauchlose (tenues) oder mittlere (mediae) oder gehauchte (aspiratae). Es sind also:

	P-laute	K-laute	T-laute
tenues	p	k	t
mediae	b	g	d
aspiratae	f (v)	ch	th (z, sz)

Nach dem Lautverschiebungsgesetze erscheint 1) eine Media der urverwandten Sprachen (Indisch, Persisch, Lateinisch, Griechisch, Celtisch, Slavisch,) im Niederdeutschen als Tenuis, im Hochdeutschen als Aspirata, zeigt dagegen 2) die urverwandte Sprache die Tenuis, so erscheint im Niederdeutschen die Aspirata, im Hochdeutschen die Media; 3) kehrt die Aspirata der Ursprache im Niederdeutschen wieder als Media, im Hochdeutschen als Tenuis. Graphisch würde sich die Sache so veranschaulichen lassen:

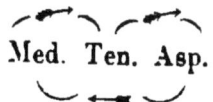

Med. Ten. Asp.

Dieses Beharren des ursprünglichen Lautes ist für die plattdeutschen Mundarten in so hohem Grade characteristisch, daß zum Beispiel allein der Wechsel zwischen dem hochdeutschen z und dem plattdeutschen t als untrügliches Unterscheidungsmittel zwischen Hoch- und Plattdeutsch gelten kann. So lauten die hochdeutschen Worte zu, zwei, Zeit, zimmern, Herz, schwarz, Katze, pflanzen im Niederdeutschen to, twei, Tib, timmern, Hert, schwart, Katte, planten. Und um noch einige Beispiele der Verschiebung von pf, f, v (hochdeutsch) und p (plattdeutsch) anzuführen, so entsprechen die hochd. Worte Pfanne, Pferd, pflücken, Apfel, Kopf, stopfen, Dorf, Schaf, schlafen, helfen den niederdeutschen Pann', Perd, plücken, Appel, Kopp, stoppen, Dorp, Schap, schlapen, helpen, und ferner mit einem hochdeutschen ch und dem ihm entsprechenden k im Plattdeutschen, die hochdeutschen Worte ich, machen, Rauch, brechen, stechen, Dach, gleich, Milch den plattdeutschen ick, maken, Rock, breken, steken, Dack, (g)liek, Melk.

Während so in den Consonanten die größte Regelmäßigkeit der Verschiebung und der dadurch erzeugten Unterschiede herrscht, wechseln die Vocale nicht nur in schnelleren Zeiträumen, sondern auch in localer Hinsicht vielfach unregelmäßig. Jede Landschaft, ja fast jeder Ort hat seine Eigenthümlichkeiten, die namentlich auf vocalischem Gebiet liegen, aber alle kommen überein in dem gleichartigen Gegensatz zum Hochdeutschen hinsichtlich der Consonanten. Dazu kommt noch, daß die einzelnen Unterdialecte eine Anzahl Worte als ausschließlichen Besitz haben, die man am besten mit Provinzialismen bezeichnen kann.

Neben oder über den beiden Gruppen der hoch- und niederdeutschen Dialecte steht nun als ein Drittes die Schrift- oder Buchsprache, welche gewissermaßen eine Spracheinheit repräsentirt ähnlich wie's da neue deutsche Reich eine Staatseinheit. Man ist nach Grimms Vorgange geneigt den größten und erfolgreichsten

Bibelübersetzer, nämlich Luther als den alleinigen Schöpfer dieser Spracheneinheit zu betrachten. Und unstreitig hat dieser gewaltige Genius, gleich groß als Sprachbildner und als Reformator, bei uns einen ähnlich bedeutenden Einfluß geübt, wie Dante in Italien. Aber diese Ansicht erleidet eine wesentliche Einschränkung sowohl in Bezug auf die Art und Weise, wie Luther zur Spracheinheit kam, als auf die Einwirkung seiner Schreibweise auf unsere Gesammtliteratur. Eine, ich weiß nicht wo zuerst ausgesprochene Behauptung, die so oft ohne Prüfung nachgesprochen worden ist, daß sie scheinbar die Kraft eines Axioms gewonnen hat, und die man noch oft vorbringen hört, ist die: Luther habe aus den gesammten Mundarten das Beste herausgenommen und in seiner neu geschaffenen Schriftsprache zusammengefaßt. Diese Behauptung ist falsch. Luther ist seiner Abstammung nach ein Thüringer. Der mausfelder Dialect in dem er aufwuchs, neuerdings in seiner jetzigen Gestalt durch die Dichtungen des trefflichen Gibelhausen in die Literatur eingeführt und für dieselbe fixirt, ist ein Dialect der thüringschen d. h. einer hochdeutschen Mundart, scharf geschieden vom Niederdeutschen, dessen Grenze wenig Meilen von dem Geburtsorte Luthers entfernt ist, keineswegs aber gemischt mit diesem. Doch konnte der große Bibelübersetzer die niederdeutsche Sprache während eines langen Aufenthaltes in Magdeburg, also in dem Gebiet derselben, wohl kennen gelernt haben. Allein aufgenommen hat er in die Sprache seiner Uebersetzung und seiner sonstigen Schriften nur einige wenige Worte, und zwar solche zumeist, welche das Niederdeutsche allein hatte, nicht solche welche mit den oben bezeichneten lautlichen Unterschieden dem Hoch- und Niederdeutschen zugleich angehörten; mit anderen Worten: von den Eigenthümlichkeiten der niederdeutschen Lautstufe findet sich bei Luther nichts. Vielmehr reinigte er seinen heimischen Dialect von localen Eigenthümlichkeiten und schrieb in der Sprache seines engeren Vaterlandes, des ganz auf oberdeutschem Gebiet liegenden Kurfürstenthums Sachsen, welche schon durch den officiellen Gebrauch einer einflußreichen Regierung selbst über die Landesgrenzen hinaus halbwegs das Ansehen einer Schriftsprache gewonnen hatte, wie denn auch schon durch den Schriftwechsel der kaiserlichen Kanzlei für ein größeres Gebiet eine Art Schriftsprache gebildet war. Er selbst sagt wörtlich: „ich schreibe nach der sächsischen Kanzlei." Nun vervollkommnete und bereicherte er allerdings diese ganz außerordentlich.

Man würde ferner sich irren, wenn man annehmen wollte, die Sprache der lutherischen Bibel sei nun sofort die allgemein angenommene Schriftsprache geworden. Das Verhältniß ist etwa folgendes. Schon lange vor Luther hatte das religiöse Bedürfniß Uebersetzungen erst einzelner Bücher, dann größerer Partieen, endlich der ganzen Bibel hervorgerufen, hochdeutsche, wie plattdeutsche. Als die älteste niederdeutsche Bibel gilt die sogenannte Cölnische, die man mit ziemlicher Wahrscheinlichkeit in das Jahr 1480 setzt. Vor dieser waren bereits fünf verschiedene hochdeutsche Bibeln erschienen, von Bibeln welche bis zum Erscheinen der lutherischen Uebersetzung oder wenigstens ohne erkennbare Einwirkung derselben z. B. in Magdeburg (1491, 1498), in Lübeck (1493, 1494, 1509), in Hamburg 1523, in Halberstadt 1522 und 1523 herausgekommen sind, kenne ich eine ganze Reihe. Auch nach dem Bekanntwerden der Bibel Luthers blieb das heilige Buch im ganzen niederdeutschen Sprachgebiet noch lange niederdeutsch, nur daß die älteren vorlutherischen Uebersetzungen sachlich nach Luther berichtigt wurden. Der Einfluß des Reformators lag also hier rein auf sachlich-dogmatischem, nicht auf sprachlichem Gebiete. Möglicherweise übertrug man die Uebersetzung Luthers einfach ins Plattdeutsche, wie man die bedeutendsten epochemachenden Schriften anderer bedeutender Männer jener Zeit auch größtentheils hinübernahm, so z. B. Brants Narrenschiff (Rostock 1519), die polemischen Schriften der meisten Reformatoren und ihrer Gegner. Größere protestantische Gemeinden ließen sich Kirchenordnungen in niederdeutscher Sprache ausarbeiten, so Braunschweig, und zwar meistens von Bugenhagen, der ein geborener Pommer war. Plattdeutsche Gesangbücher entstanden in Menge durch Uebersetzung hochdeutscher Lieder und Sammlung niederdeutscher Originale. Bis in die Zeit des dreißigjährigen Krieges blieben diese und ähnliche Erbauungsschriften allgemein im Gebrauch, in manchen Gegenden noch bedeutend länger. Wie konnte ferner im südlichen Deutschland, das, wie das nordwestliche Niederdeutschland vorherrschend katholisch blieb, Luthers Bibelübersetzung einen irgendwie nennenswerthen Einfluß gewinnen? Hier wie im niederdeutschen Sprachgebiet kam man noch lange nicht zu einer einheitlichen Schriftsprache, wie man eine solche auch während der ersten Blütezeit unserer Nationalliteratur (der mittelhochdeutschen) keineswegs gehabt hatte.

Erfolgreicher war in dieser Hinsicht, wie Klaus Groth in seiner neuesten trefflichen Schrift „Ueber Mundarten und mundartliche Dichtung" so schlagend nachweist, der Einfluß der schlesischen Dichterschulen und namentlich der Gottschebs, die ja allerdings auf Luthers Schultern standen. Bereichert haben diese Männer die Sprache keineswegs; im Gegentheil: alles was mundartlichen Anstrich hatte, — und das ist ja gerade das lebendigste, frischeste, kräftigste an einer Sprache, was Luther wohl zu würdigen und genial zu verwerthen gewußt hatte, — wurde von dem Sprachreinigungseifer dieser gelehrten Pedanten verworfen und verbannt. Dennoch ist ihr Einfluß und ihr Verdienst nicht zu unterschätzen: sie kämpften siegreich für die allgemeine Annahme der durch sie geschaffenen Fassung, sie führten die Spracheinheit vollständig durch und die Einwirkung derselben auf die Verallgemeinerung der Volksbildung ist ein ganz gewaltiger. Aber was war aus der deutschen Sprache geworden? Es konnte nicht verbleiben, daß der pedantische Geist dieser Männer, ihr steifes, verschnörkeltes, langweiliges Wesen der Sprache eingeimpft wurde. Gottscheb vollendete was die Schlesier angebahnt hatten. „Schlesien", sagt Klaus Groth in dem erwähnten Buche, „war damals ein neu germanisirtes Land. Es hatte keine Stammessprache gleich alten deutschen Gauen, wie Franken, Schwaben oder Niedersachsen, es hatte keine eigenthümlich ausgeprägte Mundart. Die Schlesier hielten dies für einen Vorzug; die erste schlesische Dichterschule, Opitz an der Spitze, hielt daher vor Allem bei ihren Verskünsten auf rechte Reinigkeit und Dignität der Sprache, wie Opitz in seinem sonderbaren Büchlein über die deutsche Poeterey sich ausdrückte, d. h. sie verbannten und verfolgten die provinziellen (mundartlichen) Ausdrücke und Redeweisen als gemein. — Im Deutsch der ersten schlesischen Dichterschule fehlte alles Blut aus dem Volksherzen, das nur in seinen Mundarten lebendig pulsirt. Die Einheit wurde also theuer erkauft. Denn unsere Buchsprache blieb blaß und vornehm weit mehr entfernt vom Volksmunde als z. B. das Englische". Der Verfasser des erwähnten Buches, das ich eine mit Wärme und innigstem Verständniß geschriebene vortreffliche Apologie der niederdeutschen Sprache nennen möchte, weist dann darauf hin, wie Herder und die anderen großen Sprachmeister, die wirklichen Schöpfer unserer Volksliteratur, dies sehr wohl erkannt und beklagt haben. „Herder", sagt er, „gießt in allen möglichen Variationen Spott und Hohn aus über die Wortgrübler, Schulmeister, Regelnschmiede, über die Pedanten der Reinigkeit und des Ueblichen, über die Großsiegelbewahrer der Keuschheit der Sprache, die in der Sprache eine solche Langeweile, solchen Bücher-, Katheder- und Stubirstubenton, solchen Professor- und Paragraphenstil eingeführt haben, daß Natur, Freiheit und Laune des Ausdrucks wie eingesargt erscheinen." Er forderte Leichtigkeit, Beweglichkeit, Sinnlichkeit, Idiotismen. Also gerade das, was die andern verworfen, was die Verskünstler und Sprachmeister seit anderthalb Jahrhunderten ausgemerzt hatten, damit wir zur Einheit gelangten.

Nicht weniger klagt Schiller über die Dürftigkeit der Sprache, gegen die er mit Riesenkraft ankämpfen mußte, um sie zu dem Grade der Schönheit des Ausdruckes zu erheben, die wir an seinen Dichtungen bewundern. Göthe, welcher über Mundarten und selbst über das Niederdeutsche, das ihn ja weniger anheimeln mußte als die süddeutschen Dialecte, sehr günstig urtheilt, schöpfte aus der Mundart seiner Vaterstadt und aus anderen unabläjjig und manches verbannte, halbvergejjene Wort gewann durch ihn wieder volles Bürgerrecht. Man sehe nur seinen Götz, seinen Faust und die Gedichte darauf an, und man wird auf jeder Seite eine Bestätigung dieser Behauptung finden. Auch Lessing wird nicht zum Schaden für seinen Stil und seine prägnante Sprache auf niederdeutschem Gebiet gelebt haben. Wie viel Saft und Kraft in den Mundarten liegt und grade vorzugsweise im Niederdeutschen, das haben nicht blos erst die berühmten plattdeutschen Dichter der Gegenwart bewiesen: an vielen aus dem Volk gleichsam herausgewachsenen Erzeugnissen dieser Sprache werden wir das beobachten.

Doch bevor ich auf die Darstellungsmittel des Niederdeutschen und auf ihre Unterschiede von denen des Hochdeutschen näher eingehe, will ich einige Mittheilungen über das Sprachgebiet machen. Die Einschränkungen, welche dasselbe durch die hochdeutsche Buchsprache erlitten hat, sind verhältnißmäßig gering. Die Grenzen nach außen hin sind fast dieselben geblieben, wie vor Jahrhunderten. Nur im Innern des Gebietes haben die größeren Städte wie Berlin ganz, andere wie Danzig, Königsberg, Stettin, Magdeburg, Köln größtentheils die hochdeutsche Sprache angenommen; auch in den kleineren Städten sprechen die höheren Stände schon lange nicht mehr platt, ausgenommen in den Hansastädten Hamburg, Lübeck, Bremen, wie überhaupt in den Städten der nördlichsten Districte. Trotz dieser Einbuße kann man die Zahl derer, welche das Niederdeutsche noch jetzt als ihre eigentliche Muttersprache betrachten, während sie sich des in der Schule erlernten Hochdeutsch nur vereinzelt bedienen, immer noch auf mindestens 10 Millionen anschlagen. Von der russischen Provinz Kurland an bis nach Holland und Belgien hin beherrcht es den ganzen Norden Deutschlands. Die Sprache der Holländer und der Vlamingen in Belgien unterscheidet sich vom Plattdeutschen fast nur durch die Orthographie und durch zahlreiche meist erst nach dem dreißigjährigen Kriege in diese beiden Sprachen eingebürgerte Worte und Wendungen, welche dieselben in ihrer Fortbildung zu eigentlichen Schriftsprachen nothwendig aufnehmen mußten, ich meine die wissenschaftlichen und industriellen Kunstausdrücke, welche die plattdeutsche Volkssprache nicht hat, weil sie dieselben nicht brauchte. Dazu gehört eine bedeutende Anzahl von Abstracten, welche sie wenigstens im mündlichen Gebrauch fast ganz verschmäht, weil sie, wie jede noch nicht verbildete und abgenutzte Volkssprache überall den sinnlich plastischen Ausdruck vorzieht. Die noch heute bestehende enge Verwandtschaft des Holländischen und Vlamischen mit dem Plattdeutschen ist politisch nicht ohne Bedeutung. Die Holländer zwar, in früheren Jahrhunderten weder durch einen sprachlichen noch durch einen politischen Gegensatz von den übrigen deutschen Stämmen getrennt, fühlen sich jetzt in einem ausgesprochenen nationalen, fast könnte man sagen feindseligen Gegensatze zu uns, ihren einstigen Landsleuten, der kaum erklärlich erscheinen würde, wenn nicht historische Vorgänge den Schlüssel dazu böten. Die Politik des spanisch-deutschen Hauses Karls V. hat diese Entfremdung verschuldet. Als sich die Niederlande, damals noch ganz deutsch an Sprache und Sitte, an Kunst und Gesetz, in heldenmüthigem Freiheitskampfe von Spanien losrissen, sahen die Stammesbrüder müßig zu, oder waren in ihrer Zerrissenheit zu ohnmächtig um zu helfen. Das österreichisch deutsche Kaiserhaus verfolgte eine den Niederländern feindliche Politik. Mit der Hülfe Englands und Frankreichs befreit, schwang sich der von Deutschland politisch getrennte Staat schnell zu ungeahnter Macht und zu einem außerordentlichen Wohlstand empor. Die stete, jetzt allerdings mehr wie je illusorische Furcht, diese Güter durch eine Annexion an das immer mehr erstarkende Deutschland zu verlieren, mag die gegenwärtige Stimmung erzeugt haben. Dennoch sind sich vorurtheilsfreie Holländer ihrer Zusammengehörigkeit mit uns noch recht wohl bewußt. Das mögen die Aussprüche zweier hervorragender Gelehrten jenes Volkes beweisen, die Klaus Groth in einem zu London gehaltenen Vortrage erwähnte. „Ganz Niederdeutschland," sagt der gelehrte Dozy, „von der Schelde bis zur Weichsel wird von gleichartigen Stämmen bewohnt," und Professor Fruin schreibt: „Da Holland zu rechter Zeit versäumt hat, sich an die Spitze der niederdeutschen Nation zu stellen, — diese Rolle größtentheils an Preußen überlassen hat: wäre das Gesetz und Regel für die Niederländer, sich jetzt der niederdeutschen Bewegung nicht anzuschließen, welche sich jetzt in Norddeutschland geltend macht?" — Solche Stimmen sind immerhin bemerkenswerth. Viel günstiger liegt die Sache für das Deutschthum in Belgien. Das mag eine a. a. O. citirte Stelle aus einem wichtigen Leitartikel der Antwerpener Zeitung „Jeders Belang" (Was jeden angeht) vom Januar 1868 beweisen, wo es heißt: „Deutsche Bewegung. Unter diesem Titel werden wir alle literarischen und politischen Neuigkeiten mittheilen, welche die Niederdeutsche Bewegung im Allgemeinen betreffen, nicht blos in Holland und Belgien. Daß es 10—12 Millionen Norddeutsche giebt, deren

Muttersprache plattdeutsch ist, weiß jeder Vlaming von einiger Bildung. Aber daß das hörbare oder gesprochene Plattdeutsch für einen Antwerpener z. B. nicht schwerer zu verstehen ist, als etwa das Vlämische von Ypern oder Limburg, ist nicht so allgemein bekannt. Dies hat Herr Dr. Hansen, der Mittelpunkt des Plattdeutschthums in Antwerpen, unter Anderem in der Vorrede zur Uebersetzung von Groths Rothgeter hinreichend bewiesen." „Alles kommt darauf hinaus, daß die plattdeutschen Schriftsteller bisher zu sehr ihrem landschaftlichen Dialect folgten, und vor allem, daß sie genöthigt gewesen sind, ihre Muttersprache mit hochdeutschen Lettern und Lauten zu schreiben." Um dies zu beweisen, theilt der Bericht ein Lied Antwerpener Mundart in plattdeutscher Schreibweise mit, und fährt fort: „Man sieht daraus, daß diese (plattdeutsche) Schreibweise uns selbst die bekannte Sprache unkenntlich macht, wie viel mehr also das Plattdeutsche selbst, das nur aus diesem Grunde so vielen in Belgien fremd erscheinen muß. Laßt uns aber hoffen, und diese Hoffnung ist nicht ohne Grund, daß die plattdeutschen Schriftsteller sich mehr und mehr der niederländischen Schreibweise annähern mögen, die sie als die Fortsetzer der niedersächsischen Literatur beinahe als die ihrige betrachten können. Möge aber auch bei uns Niederländern mehr und mehr das Bewußtsein sich stärken, daß wir Niederdeutschen aus Nord, Süd und Ost: Holländer, Belgier und Plattdeutsche Ein „dietsch Volk" ausmachen mit Einer Sprache, getrennt in drei Volksmundarten, doch nur noch geschieden in zwei Schriftdialecte. Und ist es nicht herrlich zu denken, bei der Unterdrückung die wir Vlamingen leiden, daß es nur von einigen wenigen Buchstaben, einigen Formen abhängt, um eine Literatur zu stiften, die sich über ein Gebiet von achtzehn Millionen von Lesern erstreckt?"

Ja namentlich seit der politischen Erstarkung Deutschlands 1870 sind die Blicke der Vlamingen in ihrem Kampf gegen die französisch gesinnte Partei der Wallonen voller Hoffnung auf Deutschland gerichtet.

Ich selbst habe im brieflichen und literarischen Verkehr mit den Führern der vlämischen Partei vielfache Beweise von dieser Hinneigung der Vlamingen zu uns empfangen und darüber in einem längeren Essai im Juli-Augustheft der „Deutschen Warte" von 1873 berichtet. Als unsere Heere in Frankreich Sieg auf Sieg erfochten, da haben sich die Vlamingen mit freudigem Stolz als unsere Stammesbrüder gefühlt und ebenso begeistert als bei uns ist an den Ufern der Schelde die Wacht am Rhein erklungen: „Dar klikt en kreet als een donderknal, als zwardgeknatter on golven-val." Wie schön besangen unsere Siege die Dichter Nolet de Brauwere, Emanuel Hiel u. Andere, vor Allen aber Adolphe van Soust de Borckenfeld in seiner episch-lyrischen Dichtung „L'Année sanglante", welche von mir ins Deutsche übertragen und unter dem Titel „Das blutige Jahr" vor einem Jahre erschienen ist.

Im Norden reicht die plattdeutsche Sprache überall bis an die Ostsee und Nordsee, zwischen beiden Meeren zieht sich die Grenze durch den nördlichen Theil von Schleswig, die Königsau. Hier wohnen Deutsche und Dänen neben einander, und das Niederdeutsch jener Gegenden hat einige wenige Elemente des Dänischen aufgenommen und umgekehrt. In den russischen Ostseeprovinzen ist die Sprache des Volkes seit Jahrhunderten plattdeutsch. In der Blüthezeit der Hansa wurden hier, wie an allen Borden des germanischen Meeres, wie man die Ostsee nannte, Käufe von welthändlerischer Bedeutung, Verträge mit Königen und Fürsten abgeschlossen und oft genug dictirten die königlichen Kaufherren von Lübeck, Stettin und Braunschweig den Fürsten der nordischen Länder in dieser Sprache den Frieden.

Haben wir uns somit über die Grenzen des Plattdeutschen

gegen das Ausland hin orientirt, so bleibt uns noch übrig die Südgrenze desselben, d. h. seine Grenze gegen das Hochdeutsche festzustellen.

Die Sprachkarte von Bernhardi mit den Erläuterungen dazu, sowie die von Kiepert geben einen guten Anhalt und man kann sich leicht einen allgemeinen Ueberblick verschaffen. Aber manche Strecken der Grenze des Hoch= und Niederdeutschen sind noch zu wenig untersucht, als daß mehr als eine ungefähre Linie angegeben werden könnte. Für das Rheingebiet, auf welchem in ältester Zeit die meisten Vermischungen, Verschmelzungen und Verpflanzungen von Völkerschaften stattgefunden haben, besitzen wir eine Abhandlung von Wahlenberg „Die niederrheinische (nordrhein=fränkische) Mundart und ihre Lautverschiebungsstufe (Programm des Gymnasiums zu Köln von 1872)" eine gründliche Vorarbeit auch für die Grenzfrage. Darnach sind „Neuß und Kaiserswerth die nördlichsten Punkte im Stromgebiet des Rhein, welche das Hochdeutsche erreicht; von hier aus gegen Westen und Osten zieht sich jedoch die Sprachscheide weiter nach Süden zurück und zwar auf dem östlichen Ufer bedeutend mehr als auf dem westlichen. Neuß und Düsseldorf gelten so als vorgeschobene Posten des Hoch=deutschen. Hier an den regen Verkehrsstraßen mochte wohl schon in älterer Zeit die größere Rührigkeit des südlicheren fränkischen Volksstammes das Vordringen des hochdeutschen Elements begünstigt haben." Den plattdeutschen Dialekt am Rhein nennt der Verfasser Nordfränkisch oder Niederrheinfränkisch und sagt, daß auch dafür die Benennung „Ripuarisch" gebräuchlich sei. Andere Namen dafür sind kölnische, jülichische, geldrische, klevesche Mundart, welche der gelehrte Verfasser des Etymologicum teutonicae linguae, Kornelius Kiel von Duffel (Dufflaeus) † 1607 unter dem Namen des Sykambrischen zusammenfaßt. Daran schließt sich im Nordosten die ganz plattdeutsche, märkische und westphä=

lische Mundart an. Man muß mit Wahlenberg annehmen, daß das Hochdeutsche auf den lebhaften Handelsstraßen zu beiden Ufern des Rheines durch seinen übermächtigen Einfluß sich immer mehr in das niederdeutsche Gebiet vorgeschoben hat.

Ganz im Westen der Rheinprovinz ist etwa Eupen südlich von Aachen, wo der Dialect schon Zwitterformen zeigt, der südlichste Punkt des plattdeutschen Gebietes. Der Gürtel zwischen der hohen Veen und der Eifel ist schon hochdeutsch, hat jedoch noch viele Laute gothischer Stufe, z. B. in einem Gedicht, das aus dem Kreise Prüm stammt, finde ich „deht" statt „thut", „Dag" statt Tag, „deck" statt dich, „töschen" statt zwischen, „blei=wen" statt bleiben; dann „ess't t'spyh" für dann ist es zu spät; „Pädden" statt Frosch, was ebenfalls Niederdeutsch ist, ferner eine Menge niederdeutscher Vocale. An dem Beispiel Berlins, das eine hochdeutsche Sprachinsel mitten im niederdeutschen Gebiet bildet, kann man sehen, daß große Städte keinen rechten Anhalt für die Bestimmung der Mundart bieten. So hat auch in Cöln die gebildete hochdeutsche Schriftsprache im städtischen Verkehr die ursprünglich niederrhein=fränkische bald überwuchert. Doch hat die kölnische Volkssprache noch manches plattdeutsche Element treu bewahrt. So hört man allgemein et für es, wat für was, während die Mehrzahl der Worte auf der hochdeutschen Lautstufe steht. Die besten Belege für eine Mundart sind als echte Er=zeugnisse des Volkes die Sprichwörter. Ich führe daher einige an. Wer singe Kopp verwat't, de verwat't kein dauf Noß, sagt man in Köln, und: Treck Kinder op, treck jung Hung op, oder Wer gitt (giebt) watte hät, es (ist) wä'th, datte lew. Hier sind die Worte Kopp, de, dauf (taub), treck, op, watte (wat he — was er), datte (dat he — daß er), lew — lebe ganz niederdeutsch, dagegen Noß und wer hochdeutsch, und nur dialectisch gefärbt. Merkwürdig und charakteristisch für die kölnische Mundart ist die Anwendung des k für einen hochdeutschen t-laut z. B. Lück für Leute, licke für leiden, oder das Abstoßen des t der Endung wie in fänk (= fängt). Mit der hessischen hat sie das nit (nicht) gemein.

Südlich von Köln bis zum Siebengebirge verschwinden diese plattdeutschen Formen immer mehr. Einen im wesentlichen plattdeutschen, aber mit hochdeutschen Worten gemischten Dialect zeigt die mehrere Meilen breite Zone um Wipperfürth, Elberfeld, Uerdingen, Krefeld, München-Gladbach, wo Worte mit hochdeutschen Consonanten, aber dem Platt sich nähernden Vocalismus in Menge vorkommen, z. B. ech, ach, secher, erlich, glich, Zemmer. Im Allgemeinen läuft die Grenze von Köln nach Osten ungefähr auf dem 51. Breitenkreise bis in die Gegend von Olpe, während südlich davon immer eine Zone gemischter Mundart bleibt, welche weiterhin im Norden von der Lenne, im Süden vom Rothaar-Gebirge begrenzt wird. Von hier ab wendet sie sich entschieden nach Norden. Das Fürstenthum Waldeck ist noch größtentheils dem niederdeutschen Gebiet angehörig, dann schiebt sich ein Theil des früheren Kurfürstenthums Hessen, von dem namentlich das Diemelthal niederdeutsch ist, und der größte Theil des Eichsfeldes als hochdeutsches Gebiet nach Norden vor. Weiterhin bildet eine zwischen Göttingen und Duderstadt laufende Linie die ziemlich scharfe Grenze. Von dem letztgenannten Orte sagt Dr. Eduard Krüger, daß sich dort bei denen, die nördlich vom Berge wohnen, das Plattdeutsche in Worten wie dat, wat, u. s. w. scharf von dem das, was der südlich vom Berge wohnenden unterscheide. Weiter östlich läuft die Grenze quer durch den Harz. Wie in anderen Gegenden größere Flüsse z. B. die Weser, die Elbe, so haben hier unwegsame Gebirgszüge eine Annäherung oder Vermischung der Mundarten verhindert, und so giebt es hier gar keine Abstufungen. Rechts oder südlich von der erwähnten Linie, die ungefähr der

Wasserscheide folgt, ist alles durchaus Hochdeutsch, links alles Platt. Zum Gebiet des letzteren gehören die meisten früher hannöverschen Landestheile. Die Grenze läuft ungefähr zwischen den Städten Wernigerode, Blankenburg, Gernrode, Aschersleben, deren Umgebungen plattdeutsch sind, und Stolberg, Harzgerode, Mansfeld (hochdeutsch) durch. Anhalt ist noch theilweise plattdeutsches Gebiet, während sich östlich davon das früher zu Obersachsen gehörige Elbland etwa bis an den Fläming als hochdeutsches Gebiet nördlich vorschiebt. Weiterhin läßt sich die Grenze viel einfacher bezeichnen. In der Provinz Brandenburg dringt das Wendische (im Spreewald) ins niederdeutsche Gebiet vor, Pommern hat durchaus, West- und Ostpreußen neben dem Polnischen und Litthauischen, sowie dem Hochdeutsch der größeren Städte die plattdeutsche Sprache. Es verdient noch erwähnt zu werden, daß Reisende in Südrußland, welches seit Anfang dieses Jahrhunderts von preußischen Mennoniten besiedelt worden ist, ein unverfälschtes Platt vorgefunden haben, was durch Mittheilung von Sprichwörtern, Volksreimen und Liedern belegt worden ist. Im 3. Bande von Firmenichs Völkerstimmen, dieser umfassendsten Sammlung deutscher mundartlicher Dichtungen und Sprachproben, wird ein altes niederdeutsches Volkslied mitgetheilt, das sich schon in der bitmarsischen Chronik von Neocorus findet und das in Südrußland noch vom Volke gesungen wird. Es lautet:

  Ick will mi ene schene Magd
  To minem Wiewe nemen
  Wenn sei mi kunn von Haverstroh
  Spinnen de fiene Siede.

  Sall ick di von Haverstroh
  Spinnen de fiene Siede
  Sallst du mi van Lindenlof
  En nee Paar Kleeder schnieden.

Sall ick di von Lindenlof
Een nie Paar Kleeder schnieden
Sallst du mi de Scheere halen
To nedderwärts ut'n Rhine.

Auch in Amerika hat sich in einzelnen Ansiedlungen das Plattdeutsch ziemlich rein erhalten, obwohl die enge Verwandtschaft mit dem Englischen eine Vermischung beider Sprachen sehr begünstigt.

Auf diesem Gebiete nun hat sich in der Zeit, wo die Sprache literarisch todt war, eine Reihe sowohl im Wortschatz, als im Vocalismus ziemlich weit auseinandergehender Dialekte entwickelt. Die Zeit des Verstummens kann man rechnen von der Mitte des 17. Jahrhunderts an. Die letzte niederdeutsche Bibel war 1621 gedruckt worden. Das jüngste niederdeutsche Gesangbuch, welches mir bei eingehender Beschäftigung gerade mit diesem Literaturzweige zu Gesicht gekommen[1]), ist das Hamburger vom Jahre 1630. Als letztes literarisches Erzeugniß stehen schon vereinzelt an der Grenzscheide der productiven Zeit die berühmten Scherzgedichte von Laurenberg, welche zuerst 1652 erschienen, dann aber, wie der Reineke Vos noch später eine Reihe von Auflagen erlebten. Die folgenden zwei Jahrhunderte haben kaum etwas erzeugt, was literarischen Werth hätte. Nur für die Sammlung von Idiotismen ist in fast allen niederdeutschen Gauen Namhaftes gethan worden. Einiges Interesse konnte die Herausgabe einer Anzahl mittelniederdeutscher Dichtungen durch den Helmstädter Professor Bruns mitten in der öden Zeit erwecken, die unter dem Titel: „Romantische Gedichte," am Ede des vorigen Jahrhunderts erschienen, und von denen einige in letzter Zeit mit gelehrten Commentaren versehen von E. Schröder, A. Lübben u. A. aufs Neue herausgegeben worden sind.

Eine Sprache, die auf diese Weise lange Zeit nur gesprochen,

---
[1]) Vergl. meine Beiträge zur Geschichte des deutschen geistlichen Liedes (Progr. des Progymnasium zu Sangerhausen 1874).

nicht geschrieben wurde, mußte ohne feste Regeln der Grammatik und namentlich der Orthographie nothwendigerweise verwildern und immer mehr in Dialekte auseinandergehen. Die Mundarten des westlichen Norddeutschland sind schon vorhin aufgezählt worden. Sie divergiren schon bedeutend unter sich, noch mehr aber mit den andern östlich von ihnen sich ausdehnenden, z. B. dem Holsteinischen, Meklenburgischen, dem Göttingisch-Grubenhagener, dem Altmärkischen und dem Idiom der Mark Brandenburg, ferner dem Pommerschen und Preußischen. Die Wörterbücher, die Idiotiken- und Sprichwörtersammlungen, deren mir gegen dreißig bekannt sind, zeigen in dem Wortschatz und den Wortformen bedeutende Verschiedenheiten, nicht minder die zahlreichen literarischen Erzeugnisse der neuesten Zeit, welche die Anregung durch Klaus Groth und Fritz Reuter in Menge hervorgerufen hat. Wie gleichmäßig und einfach ist dagegen die Sprache und die Schreibweise der Denkmäler aus früherer Zeit, z. B. des Reineke Vos und der erwähnten sogenannten romantischen Gedichte!

Doch ich kehre nach dieser Abschweifung zur Besprechung der Darstellungsmittel des Niederdeutschen und des Verhältnisses derselben zu denen der Schriftsprache zurück. Ein Dichter wie Groth darf sich mit Recht darüber beklagen, daß eine superkluge Kritik dem plattdeutschen Dichter vorzuschreiben versuche, was ihm in seiner Muttersprache zu dichten erlaubt und opportun sei, und was nicht. Und wenn auch das erwähnte Vorurtheil, daß dieselbe sich nur für das Humoristische eigne, im Schwinden ist, so glauben doch noch Viele, daß der Kreis dessen, was sich Plattdeutsch darstellen läßt, ziemlich eng sei. Aber soll denn deshalb, weil z. B. eine durchschlagende Tragödie in niederdeutscher Sprache noch nicht geschrieben ist, dieser die Fähigkeit abgesprochen werden, etwas Derartiges auszudrücken? Ich kann mir, um ein Beispiel anzuführen, Heinrich Kruse's Trauerspiele „Die Gräfin" und „Wullenwewer", die ganz auf niederdeutichem Gebiet spielen und niederdeutschen Geist athmen, recht wohl in der Sprache ausgeführt denken, in welcher die darin auftretenden Personen in der historischen Wirklichkeit gesprochen haben. Wenn es nur Einer, der es vermag, versuchen wollte. Freilich noch mehr als an einer schöpferischen Dichterkraft würde es an einem Publikum gebrechen, das solche Dinge unbefangen, vorurtheilslos aufzunehmen im Stande wären. Die, welche noch wirklich platt sprechen, Leute aus dem Volk, sie sind nicht reif für Dichtungen des höheren Genres; die Gebildeten aber, oder die sich's dünken, wenn sie ihre kernige Stammessprache gegen ein meistens nur zu fehlerhaft gesprochenes Schriftdeutsch vertauscht haben, würden, gewohnt im Plattdeutschen die Sprache der Bauern, des städtischen Proletariats, des Gesindes zu sehen, ja sich ihrer zu schämen, das Ernste, das Pathetische, das Erhabene, selbst wenn es mustergültig ausgedrückt wäre, kaum herausfinden. Ja wohl! der Kreis des niederdeutsch Darstellbaren ist eng, weit enger vorläufig als der des Hochdeutschen, aber in ganz anderer Weise, als sich Kunstrichter von dem Schlage der oben bezeichneten einreden möchten. In der plattdeutschen Sprache ist das, was wir im tadelnden Sinne mit Phrase bezeichnen, so gut wie unmöglich. Sie hat nur Worte und Töne für das Natürliche, Einfache, Wahre. Hochtrabender Redeschwall, falsches Pathos, das Schlüpfrige, Raffinirte, Zweideutige würde sich in ihr nicht ohne den größten Zwang ausdrücken lassen, und in dem wirklich niederdeutschen Volk würde es nicht verstanden, oder je nachdem verlacht oder verabscheut werden. Gewiß ist die hochdeutsche Sprache, nachdem die Dichter der zweiten großen Blütezeit unserer Literatur ihr den Adel der Anmuth und Vollendung aufgedrückt haben, und seitdem wir Glätte und Formvollendung selbst bei mittelmäßigen Dichtern zu finden gewohnt sind, gewiß ist sie gewandter, glänzender, gebildeter, reicher, als die niederdeutsche; sie fügt sich willig und gefällig dem spröbesten Stoffe, sie weiß Ton und Farbe der geistigen Erzeugnisse aller Völker wiederzugeben, jeder Form sich geschmeidig anzupassen und für die leiseste Schattirung des Gedankens und Gefühls hat sie ihre Farbe bereit. Das zeigt namentlich unsere Uebersetzungsliteratur, aus der ich nur Rückerts Leistungen in der Nachbildung indischer und arabischer Poesien, oder Wilhelm Jordans Sophokles, oder den Calderon und Ariosto von Gries oder Schlegel's und Tieck's Shakespeare erwähnen will. Aber in dem Schliff und der Gewandtheit der Sprache liegt auch schon wieder ein Nachtheil. Durch den vielfachen Schriftgebrauch nützen sich die Worte ab, schleifen und greifen sie sich ab wie Münzen und verlieren wie diese das Bild. Ursprünglich ist jede Sprache sinnlich-plastisch, d. h. alles in ihr ist vom Sichtbaren, Greifbaren hergenommen, die Worte waren Namen für sichtbare Dinge, erkennbare Handlungen, die Verhältnißworte waren rein örtlich. Je mehr eine Sprache für den Schriftgebrauch dienstbar gemacht wird, desto abstracter wird sie, desto mehr verblassen die ursprünglichen Bilder. Geniale Dichter schaffen ihr neue, aber bald gehen auch diese in den täglichen Gebrauch über und verlieren die bildliche Kraft, sie werden zu stehenden formelhaften Wendungen, bei denen sich die Phantasie kein Bild mehr macht. Der schönste bildliche Schmuck der Rede ist unstreitig die Metapher d. h. die Uebertragung von Eigenschaften, Merkmalen, Gesinnungen und Verhältnissen der Dinge, denen sie von Natur (d. h. ihrer Stellung im Weltganzen und der Weltordnung nach) zukommen, auf solche, denen sie von Natur nicht zukommen. Wendungen wie der Abend des Lebens, Krystall der Wogen, Schleier der Dämmerung, die Rosen der Wangen, Hals, Bauch, Fuß des Gefäßes oder der Flasche, sind ursprünglich lebenskräftige Metaphern gewesen und kein geringes Talent hat der bewiesen, der sie ins Leben rief. Aber wer empfindet darin jetzt noch, nachdem sie tausendfältig im Schriftgebrauch wiedergekehrt und alltäglich geworden sind, das Bildliche, was ihnen innegewohnt hat? Noch mehr gilt dies von einzelnen Worten, wie begreifen, entdecken und von einer Unzahl stehender malender Beiwörter (Epitheta), denen ursprünglich bildliche Kraft eigen war. Ganz anders ist das im Niederdeutschen. Es ist nicht so ausgebildet, aber auch nicht so abgenutzt. Ja gerade die Unbeholfenheit in der Darstellung abstracter Dinge treibt unaufhörlich den Sprechenden und Schreibenden an, nach einem Vergleich, nach einem Bilde zu greifen. Daher die außerordentliche natürliche Plasticität dieses Idioms, die sich namentlich in Sprichwörtern, aber auch in der Sprache an und für sich zeigt. Es ist unglaublich, wie viel in einer unverbrauchten, unverblaßten Sprache hier vom Volk im alltäglichen Verkehr erzeugt wird, das verfliegt und untergeht, wie Urwaldgräser. Nur ein Beispiel will ich anführen. In einem gemüthlichen Wortstreit hörte ich einen ganz schlichten Bauern zu einem andern sagen, den er vergeblich zu seiner vermeintlich höheren, besseren Ansicht zu bekehren versucht hatte: „Wat eenmal to'n Swintrog uthaut is, dat werd in sien' Lewen kein Vigelin", womit er andeuten wollte, der Andere habe, beschränkt oder roh, wie er sei, keinen Sinn für etwas Höheres. Ist das nicht ein Bild, das eines Shakespeare würdig wäre?

Wie kommt es nun, daß, während das Volk einen Schatz concreter, kernhafter Bilder schon in seiner Sprache an sich besitzt, oder mit Leichtigkeit, ohne Grübeln und Suchen wie durch natürliches Wachsthum zu Tage fördert, der in der Schriftsprache sich ausdrückende Redner oder Dichter seine ganze Kraft gebrauchen muß, um sich einen frischen, kraftvollen oder gar originellen Stil zu wahren? Einige von den Ursachen dieser Erscheinung habe ich schon angedeutet. Die sogenannte schöne Literatur hat noch wenig nachtheilig für die Frische und Bildlichkeit der Sprache gewirkt. Dichterlinge, welche immer und immer wieder aus Schillerschen,

Göthe'schen und Heine'schen Brocken neue Mosaikbilderchen zu=
sammensetzen und Gestaltungen schaffen, die aussehen wie Kinder,
welche im Hochzeitsstaat ihrer Großeltern einherschreiten, sie werden
nie großen Einfluß auf die Sprache gewinnen.

Viel verderblicher für die naturwüchsige Kraft und Bildlich=
keit der Sprache ist hier die Massenproduction in Schrift und
Druck, die Frivolität conventionell gewordener Wendungen, nament=
lich aus den Meisterwerken unserer Literatur, das ewige Parodiren
der Zeitungen, die parlamentarische Beredsamkeit, die Börse, die
Kanzleien, die Fachschriften auf wissenschaftlichem und nicht rein
wissenschaftlichem Gebiet. Da kommt es meistens darauf an, den
Gedanken mit möglichster Kürze und Prägnanz darzustellen, ein
Heer von Kunstausdrücken, von formelhaften Wendungen, von
falschen Metaphern und andern Bildern, von stereotypen, oft nichts=
sagenden Phrasen bringen in die Sprache ein. Man vergleiche
hierüber die „Briefe über Hochdeutsch und Plattdeutsch" von Kl.
Groth und seine schon angeführte Schrift über Mundarten. Manche
kaufmännische Wendungen sind ursprünglich Bilder gewesen, z. B.
„Weizen matt, Eisen flau, Hopfen ruhig, Heringe belebt"; manches,
wie „rother Klee vernachlässigt" klingt fast lyrisch, — aber wer
denkt sich noch etwas dabei, was einem Bilde gleicht? Hier wird
zum Schaden der Sprache und des Geschmackes unendlich viel ge=
sündigt und das theilweise ohne Noth. Wenn Jemand Folgendes
ohne Angabe der Rubrik, unter der es steht, aus einer Zeitung
vorläse: „Berlin lieferte das stärkste Contingent und nahm die
Spitze. Sachsen, Thüringen schienen der Personenzahl nach
schwächer vertreten gewesen zu sein; um so decidirter traten sie
auf. Spiritus stand gerüstet im Hintergrunde; er wurde von
den Magdeburgern in Affection genommen" — ich frage, würde
sich Jemand, bevor das Wort Spiritus einen aufklärenden Licht=
strahl in das Phrasendunkel wirft, im Entferntesten denken können,

daß es sich hier nicht etwa um eine Rebellion, oder einen bewaffneten Zug deutscher Mannen zur Erstickung einer solchen, sondern um einen Bericht der Nationalzeitung — über den Köthener Saatmarkt handelt, und daß hier weiter nichts gesagt ist, als: Es waren viele Berliner, wenig Sachsen und Thüringer am Markt, die aber mehr Kauflust zeigten. Spiritus wurde namentlich von Magdeburgern begehrt u. s. w. Und diese wörtlich aus der National-Zeitung entnommene Stelle ist nicht etwa eine besonders hervorstechende stilistische Leistung eines Handelscorrespondenten, sie zeigt den durchschnittlichen Fachstil der Rubrik „Handel und Industrie". Man braucht nur eine beliebige Zeitung zu nehmen, um Wendungen zu finden, wie diese, die ich einer Nummer der Magdeburgischen Zeitung entnehme: „Spiritus schloß sich der herrschenden Bewegung nicht an" — (klingt das nicht wieder wie Rebellion?) — „die Tendenz verflaute sich und der Schluß brachte auch keine Erholung", was ebensogut in Bezug auf einen Ball gesagt sein könnte.

In ähnlicher Weise arbeiten die Fachschriften anderer Zweige an der Verschlechterung der Sprachen mit. Da sind es nun die Mundarten, sagt Klaus Groth, „welche unberührt von dem literarischen Getriebe im engen Anschluß an die Natur, in steter Beobachtung des Einfach-Natürlichen dem Sprachkörper gesundes Blut zuführen und ihn fort und fort erfrischen. Ohne diese Mundarten würde die Schriftsprache immer abstracter, immer blasser werden." Er macht darauf aufmerksam, daß, wie der berühmte Sprachforscher Max Müller dargethan hat, die Dialekte die Zuleiter, nicht die Ableiter der Sprache, daß sie die Producenten, die Schriftsprache aber der Consument sei. Jede Schriftsprache aber müsse sich aus ihren Stammsprachen immerfort regeneriren, sonst erstarre sie, wie einst das Lateinische erstarrt sei, wie das Französische in Gefahr steht zu erstarren. Und wenn darin die Haupt bedeutung und der Hauptwerth der Mundarten und somit vorzüglich des Niederdeutschen liegt, das sich von der Schriftsprache am meisten entfernt hat, so bieten sie dem darin sich ausdrückenden Schriftsteller eine Menge Vortheile dar, welche, wie schon angedeutet worden, der hochdeutsche Dichter erst mit genialem Tact suchen und in mühevoller Arbeit sich schaffen muß.

Für einen im hochdeutschen Sprachgebiet Aufgewachsenen ist und bleibt freilich Vieles von den Schönheiten des Niederdeutschen verborgen, er wird niemals, wenn er Klaus Groth und Fritz Reuter, wenn er die gefällig gemüthvollen Riemels (Düt un Dat) von Adolph Schirmer, die Dichtungen der genialen Sophie Detlefs, Theodor Storms, L. Giesebrechts, und die von Ernst, Dräger, Schwerin und Krohn, von Mezer, Berning, Dörr und Karl Runge liest und wie sie alle heißen — wohl ein halbes Hundert Namen könnte ich hier nennen, — wenn er in die echten, kräftige Nordseeluft athmenden Gedichte blickt, welche der gelehrte Berliner Professor Focke Hoissen Müller in Stunden trauter Heimathserinnerung dichtete, er wird niemals das dabei empfinden können, was der geborene Plattdeutsche dabei empfindet. Gewiß mag Manches daran auf die Rechnung eines berechtigten Heimathsgefühls kommen, wenn uns Niederdeutsche die Laute jener Sprache so ergreifen und anmuthen, jener Sprache, die wir in glücklicher Kindheit gesprochen haben und die wir wohl wieder hervorholen, wenn wir einen Jugendfreund nach Jahren wiederfinden oder wenn wir fern vom niederdeutschen Boden mit einem plattdeutschen Landsmanne zusammentreffen. Wie knüpfen sich da an die plastischen, treuherzigen, mundgerechten Worte und Wendungen der heimathlichen Sprache die Eindrücke und Bilder der meilenweiten Wiesen mit ihren stillen Wässerlein, der eichenumrauschten Dörfer, der Seen und Wälder, der Marsch und Haide, und vor Allem des Meeres mit seiner erhabenen Herrlichkeit. Der ganze Reichthum dieser An-

schauungen und Eindrücke, ganz verschieden von denen des Hochlandes und der Berge, sind ursprünglich in das Niederdeutsche und
aus diesem erst in das Hochdeutsche und in die Schriftsprache
übergegangen, denn „jede Sprache ist", wie Groth so schön sagt,
„das Product des schaffenden Menschenstammes, dem sie gehört,
dessen Bedürfniß sie befriedigt und der Eindrücke, die Himmel und
Erde auf ihn machen da, wo er wohnt und wo er herkommt."

Das Urtheil Grimms über die plattdeutsche Sprache kann,
obwohl derselbe dem hochdeutschen Gebiet entstammt, befremden.
In einem Briefe an Frommann, den Herausgeber der Zeitschrift
„Die deutschen Mundarten", sagt er: „Was Norddeutschland vermag, hat jetzt Klaus Groth dargethan, doch haben die abgezwick-
ten, verschluckten Formen dieser Mundart für mich etwas Unan-
genehmes". Gerade das Abwerfen der tonlosen Endungen, welche
die Schriftsprache noch bewahrt zum Schaden für ihren Wohllaut,
scheint uns ein Vortheil des Plattdeutschen zu sein. Ungleich
günstiger urtheilt der aus dem Königreich Sachsen stammende
Lericograph und Grammatiker Abelung, der sonst alles Mundartliche ausmerzen möchte. „Das Plattdeutsche," sagt er, „ist
von allen deutschen Mundarten in der Wahl und Aussprache der
Töne die wohlklingendste, gefälligste und angenehmste, eine Feindin
aller hauchenden, zischenden und der meisten blasenden Laute und
des unnützen Aufwandes eines rollen, mit vielen hochtönenden
Lauten wenig sagenden Mundes, aber dagegen reich an einer
kernhaften Kürze, an treffenden Ausdrücken und naiven Bildern,"
und er macht darauf aufmerksam, daß Ausländer, denen die vielen
Hauch-, Blase- und Zischlaute des Oberdeutschen ein Aergerniß
sind, das Niederdeutsche am leichtesten lernen, wie der Niedersachse, wegen seines feinen Gehörs und wegen der Feinheit und
Biegsamkeit seiner Sprachwerkzeuge jede fremde Sprache weit eher
und vollkommener lerne, als sein schwerfälliger süddeutscher Bruder.

Bewundernswürdig erscheint mir, wie Göthe als Süddeutscher von Geburt so treffend und schön von der niederdeutschen Sprache urtheilen konnte. „Zu einem liebevollen Studium der Sprache," sagt er, „scheint der Niederdeutsche recht eigentlichen Anlaß zu finden. Von allem, was undeutsch ist, abgesondert, hört er um sich her ein sanftes, behagliches Urdeutsch und seine Nachbarn reden ähnliche Sprachen. Ja wenn er ans Meer tritt, wenn Schiffe des Auslandes ankommen, tönen ihm die Grundsilben seiner Mundart entgegen, und so empfängt er manches Eigene, das er schon selbst aufgegeben, von fremden Lippen zurück und gewöhnt sich deshalb mehr als der Oberdeutsche auf die Abstammung der Worte zu merken."

So hat es denn der niederdeutschen Sprache auch in keiner Zeit an Lobrednern gefehlt und namentlich, als das auf die oben beschriebene Art entstandene Schriftdeutsch, „die meißnische Sprache," wie man es nannte, derselben so viel Boden abgewann, haben einsichtsvolle, vorblickende Geister, unbeirrt durch die fast epidemische Sucht der Nachäffung des Fremden, gegen die Verachtung und Vernachlässigung der ehrwürdigen Stammessprache wenn auch ohne Erfolg angekämpft, weil sie einsahen, daß hier ein Stück gesunden Volksthumes in Gefahr sei. Schon im 16. Jahrhundert rügt der Geschichtsschreiber Albert Cranz, daß die Niederdeutschen das Gezisch (stridores) der Oberdeutschen nachahmten, und Nathan Chyträus, der Verfasser des großen niederdeutschen Wörterbuchs klagt, daß man in Niedersachsen die fremden Sprachen und Dialecte cultivire und darüber die eigene schöne Mundart vergesse, oder sie gar als roh, ungebildet und unvollkommen verachte. Und Mikrälius sagt in seiner Pommerschen Chronik: „Wie andere Sachsen-Leute haben nun auch wir an unserer Muttersprache einen solchen Ekel gehabt, daß unsere Kinder nicht ein Vaterunser, wo nicht in Hochteutscher Sprache, beten, und wir keine Pommersche

Predigt fast mehr in ganz Pommern hören mögen. Unser männlich atticirendes Tau (T) muß allenthalben der sigmatisirenden (S)=Sprache weichen." Der sächsische Polyhistor Johann Möller endlich bricht in seiner lateinisch geschriebenen Geschichte des Cimbrischen Chersones in die Worte aus: „Wir beklagen das traurige Loos der niedersächsischen Sprache, welche nicht nur die älteste von allen deutschen Mundarten ist, sondern auch die kräftigste und unverdorbenste, ja sogar den übrigen den Preis der Eleganz streitig macht, dennoch wird sie dem meißnischen Idiome, das sich mit seinem Zischen und seinen wenig männlichen einschmeichelnden künstlichen Reizen die Geister der Unseren gewonnen, nachgesetzt. und aus der Kirche und der Kanzlei, ja fast aus dem Hause und der Familie verbannt." Und Joh. David Michaelis spricht in einer akademischen Rede die Forderung aus, daß die Gesetze in platt- und hochdeutscher Rede publicirt werden möchten. An der Universität Rostock hat sogar ein Niederdeutscher Bernhard Raupach auf eine lateinisch geschriebene Dissertation „Von unbilliger Verachtung der Plattdeutschen Sprache" im Jahre 1704 den akademischen Doctorgrad erlangt. Darin wird das Niederdeutsche mit Wärme und Geschick vertheidigt und verherrlicht, von dessen Zukunft der Autor indeß eine etwas zu trübe Ansicht hegt. Er sagt nämlich: „Wenn ich nicht, was ich gern wäre, ein falscher Prophet bin, so möchte ich behaupten, daß die niederdeutsche Sprache in der Folgezeit ganz verschwinden wird, sie, die aus der Gesellschaft verbannt und fortgewiesen, dem Hasse, der Verachtung, dem Gelächter preisgegeben ist." Gebührend hebt er hervor, daß literarische Meisterwerke, wie der Reineke Vos und Lauerembergs Scherzgedichte in dieser Sprache geschrieben sind. Aber das bedeutendste Werk des niederdeutschen Idioms, den Heliand, kannte jener gelehrte Vertheidiger nicht, denn noch fast ein Jahrhundert sollte vergehen, bis der französische Gelehrte Gley, welcher die bamberger Handschrift des Werkes entdeckt hatte, im Verein mit Reinwald an die Entzifferung desselben ging, eine Aufgabe, die nach dem Tode beider erst der Germanist Schmeller glücklich zu Stande brachte und zwar grade tausend Jahre nachdem die großartige Dichtung im Münsterlande entstanden war. Mit stets steigender Bewunderung erkannten alle, welche sich in dieselbe vertieften, immer neue Züge erhabener ursprünglich kraftvoller Poesie an der Dichtung des altsächsischen Sängers, welcher nach den Erzählungen der vier Evangelisten das Leben Christi in plastischer Weise poetisch erzählt. Jemehr die Bekanntschaft mit dem Werke wuchs, um so höher wurde der Werth desselben von den Literarhistorikern angeschlagen. Vilmar nennt es „das Trefflichste, Vollendetste, Erhabenste, was die christliche Poesie aller Völker und aller Zeiten hervorgebracht, ja abgesehen von dem christlichen Inhalt, eines der herrlichsten Gedichte überhaupt von allen, welche der dichtende Menschengeist geschaffen hat, und welches sich in einzelnen Theilen, Schilderungen und Zügen vollkommen mit den homerischen Gesängen messen könne." Ganz der Anschauung der mannhaften Sachsen gemäß erscheint der Heiland als ein gewaltiger Heerfürst, als der Könige mächtigster, der weise Waltende im Kreise oder an der Spitze zahlloser treuer Mannen und Degen in Kraft und Glorie.

Soviel von der großen Dichtung in alt niederdeutscher Mundart. Unter den späteren mittelniederdeutschen poetischen Erzeugnissen ist kaum ein Originalwerk. Fast alle jene sogenannten romantischen Gedichte der erwähnten Brun'schen Ausgabe, sowie ein Theil der zahlreichen Erbauungsschriften in gebundener Rede, der Passionale, der Spieghel der Leyen, Doctrinale, der bibactischen Dichtungen, welche den Kaland- und ähnlichen Brüderschaften ihre Entstehung verdanken, sind entweder nachweislich aus hochdeutschen und ausländischen Quellen entlehnt, oder es existiren verwandte Dichtungen in anderen Idiomen.

ohne daß entschieden festzustellen wäre, welches von ihnen das Original
sei, das niederdeutsche oder das hochdeutsche. Ich habe schon in meinen
Beiträgen zum deutschen Kirchenliede darauf hingewiesen, daß man
vielfach durch Aberkennung der Originalität den niederdeutschen
Dichtungen zu nahe getreten ist. Jedenfalls ist die Gegend des
Niederrheins in der älteren Zeit literarisch überaus productiv gewesen, und von den mittelhochdeutschen Gedichten „Orendel und
Bride", und „König Oswald" ist bereits mit Sicherheit nachgewiesen, daß sie auf niederdeutsche Originale zurückgehen. Aber wie
auch einmal die theilweise noch offene Frage der Originalität entschieden werden mag, haben diese mittelniederdeutschen Dichtungen,
selbst wenn sie sämmtlich entlehnt wären, dies nicht mit den
classischen Werken eines Wolfram von Eschenbach, eines Gottfried
von Straßburg, eines Hartmann von der Aue gemein? Auch diese
Dichter nehmen ihre Stoffe aus fremden, meist romantischen
Quellen, auch sie übersetzen, aber ihren Uebersetzungen prägen sie
den Stempel echten Deutschthums und einer wahrhaft dichterischen
Genialität auf, sie vertiefen dieselben in einer Weise, daß die
Originale, soweit sie oder ähnliche uns noch vorliegen, daneben
dürftig erscheinen müssen. Ein niederdeutscher Dichter, auf den
sich das eben Gesagte in vollem Umfange anwenden ließe, ist der
Verfasser des plattdeutschen Reinke de Vos, des zweiten Haupt-
werkes der niederdeutschen Literatur. Mehr als dreihundert Jahre
hat das auch in Oberdeutschland aus Soltaus und Göthes Be-
arbeitungen bekannte Werk für ein Original gegolten, bis das
gleichnamige holländische Gedicht, dessen wahrscheinlicher Verfasser
Hinrick van Alkmar ist, aufgefunden und für das Original erklärt
wurde. Aber auch der geht wieder auf ein vlamisches Vorbild,
den Reinaert de vos zurück, dessen Verfasser, „Willem," wie er
sich selbst nennt, nach eigener Angabe seinem Werk ein welsches
(französisches) Gedicht zu Grunde gelegt hat. Dennoch hat, wie

Lübben, ein Herausgeber des „Reineke Vos," mit Recht sagt, die jüngste von allen Fassungen, die niederdeutsche, trotzdem sie in Sprache und Darstellung nicht den Stempel der Classicität an sich trägt, die literarische Welt erobert.

Es kann nicht meine Absicht sein, hier eine Aufzählung selbst nur der wichtigsten Erzeugnisse der niederdeutschen Literatur zu geben. Nur das Eine sei hier bemerkt, um die schon oben angefochtene Ansicht von der Beschränktheit des niederdeutsch Darstellbaren zu widerlegen, daß es kaum eine Gattung der Poesie und Prosa giebt, in der sich niederdeutsche Schriftsteller nicht versucht hätten. Wie reich ist z. B. die Uebersetzungsliteratur. Nicht nur eine große Anzahl der epochemachenden Schriften der polemisch aufgeregten Reformationszeit sind in's Niederdeutsche übersetzt worden, auch beliebte Classiker des Alterthums wie Anakreon und selbst der elegante Boileau haben sich dieser Sprache anbequemen müssen. Selbst ein philosophischer Dialog in plattdeutschen Versen findet sich in den Schriften des um das Niederdeutsche auch sonst verdienten Docen. Wie groß die Anzahl der Lyriker und Epiker sei, ist schon mehrfach angedeutet worden; aber auch das Drama ist vertreten. Mittelniederdeutsche Passions-, Volks- und Fastnachtsspiele hat der Stuttgarter Literarische Verein und Mone in seiner trefflichen Sammlung herausgegeben, spätere aus den letzten Jahrhunderten sind unter den „raren Büchern" norddeutscher Bibliotheken zu finden und eine gründliche Nachlese in denselben dürfte noch manches Bemerkenswerthe zu Tage fördern. In neuester Zeit haben plattdeutsche Volkstheater (z. B. in Hamburg) lebhaften Anklang gefunden.

Von niederdeutschen Prosaschriften verdienen die zahlreichen Chroniken vorzugsweise beachtet zu werden. Sie sind theils wichtige Geschichtsquellen, wie die Städtechroniken, das Zeitbuch des Eyke von Repgow, des Hermann von Lerbeck u. A., theils haben sie außerdem noch hohen literarischen Werth wie die des Lübecker Dominikaners Korner aus dem XV. Jahrhundert, welche in ihrem meisterhaft erzählenden Stil und der Reichhaltigkeit und Mannigfaltigkeit des Stoffes lebhaft an Boccaccio's Decameron erinnern. Von Klaus Groths und Fritz Reuters trefflichen Dichtungen und Erzählungen brauche ich hier nichts zu sagen, sie sind in allen Händen, aber auch neben ihnen haben sich eine Anzahl plattdeutscher Novellisten wie Möhl, Pining, Grimme, der öchener (achener) Joseph Müller, Grimme der „Olle Numärker" u. A. schnell die Gunst des Publicums erworben.

Von den Erzeugnissen einer Sprache, namentlich wenn sie nicht eigentlich Schriftsprache ist, hat unstreitig das den größten Werth, was aus dem Volke selbst sich herausgebildet hat: das sind Sprichwörter, sprichwörtliche Wendungen, Volksreime und Volkslieder. Von diesen Gattungen tragen namentlich die ersteren den Stempel eines hohen Alters. Als sprichwörtliche Wendungen bezeichne ich solche, die aus einzelnen noch nicht zum Satz oder zur Redensart verbundenen Wörtern bestehen. Fast alle sind sie alliterirend, d. h. die wichtigsten und am meisten betonten Worte (oft sind es nur zwei) fangen mit denselben Consonanten an. Da die Alliteration, welche in der älteren Poesie als Kunstmittel angewandt wurde und den Reim vertrat, die Bildung solcher formelhafter Wendungen wesentlich begünstigen mußte, so ist es erklärlich, warum gerade im Heliand, der Hauptdichtung von alliterirender Form, sich eine so große Anzahl derselben findet. Auch die hochdeutsche Sprache hat eine Fülle solcher Wendungen, aber durch den langjährigen Schriftgebrauch haben sie die Bildlichkeit und Frische viel mehr verloren als die mündlich fortgepflanzten niederdeutschen. Gewöhnlich sind zwei Worte von demselben Redetheil, namentlich Hauptworte oder Zeitworte zu einer Wendung verbunden. Solche sprichwörtliche Wendungen sind „Pann un

Putt", „von Pontius to Pilatus", „Pogge un Pol,"
Schipp un Schirr, an Steden un Straten, vör Dau
un Dag, Tormen un Tinnen, mit Torwe un Twige
(Torf und Zweig wurden als Zeichen der Uebergabe überreicht),
Wer un Wapen, Wind und Weder; verwist, verfört
un vervemt, lifen un leinen (lehnen, leihen), minnern un
meren, planten un paten (pfropfen von Bäumen), rennen
un riben, singen un seggen, doren un bullen, warwen
un winnen, nich half nich heel, matt un möb', ober auch
matt un marod', warm un wunsam (Heliand), binnen un
buten, vaken un vele.

Weit wichtiger sind die Sprichwörter selbst, welche W. Grimm
mit Recht eine Gattung der Poesie nennt und als das Volks-
mäßigste bezeichnet, was es überhaupt nächst der Sprache nur
geben kann. Sie stehen zwischen der Sprache selbst und dem,
was die einzelnen Schriftsteller aus ihr machen, in der Mitte und
bilden nächst den Volksreimen und Volksliedern die treuesten Belege für Witz und Wissen, Dichten und Denken, Sitten und Ge-
bräuche des Volkes, dem sie entstammen. Eine große Menge von
Sprichwörtern sind nicht nur den verschiedenen Stämmen unseres
Volkes gemeinsam, sondern wir theilen sie sogar mit anderen Nationen. Ich wähle hier durchweg solche, die mir im Hochdeutschen
entweder nicht begegnet sind, oder die sich leicht als ursprünglich
niederdeutsche erkennen lassen. Je geringer der Wortschatz einer
Sprache ist, desto mehr wird sie zur Erreichung ihrer Zwecke das
Bild, den Vergleich heranziehen, desto plastischer ist sie, wie oben
bereits erwähnt wurde, schon an sich, denn was z. B. das Plattdeutsche an entsprechenden hochdeutschen Worten nicht besitzt, das
sind die meisten abstracten Begriffe. Diese müssen umschrieben
werden und so ist denn der Niederdeutsche gleich mit seinem „as
en" (als ein) bei der Hand. Auf diese Weise entstehen im all-

täglichen Gebrauch eine Menge Vergleiche, welche in Aufnahme kommen und sprichwörtliche Kraft gewinnen. Gar Vieles davon ist auf ein kleines Gebiet, auf einen Ort, ja auf eine Familie beschränkt und noch nicht Gemeingut geworden. Die Sprichwörtersammlungen und Idiotika, deren Verfasser mit anerkennenswerthem Fleiß viel Volksthümliches zusammengebracht haben, geben daher noch nicht im Entferntesten einen Maßstab für den reichen, ich möchte sagen unerschöpflichen Schatz dessen, was wirklich in der Sprache lebt. Um die Vielgestaltigkeit des niederdeutschen Sprichwortes zu zeigen, führe ich einige derselben nach bestimmten Gesichtspunkten an, und zwar zunächst nach ihren verschiedenen Formen. Außerordentlich zahlreich sind die in die Form des Vergleiches gekleideten und immer springt in ihnen der Vergleichungspunkt klar und ungesucht in die Augen, stets giebt der zur Vergleichung herangezogene Gegenstand ein plastisches Bild. Wie treffend wird z. B. der hole Schwätzer, der viel verspricht und wenig hält, in dem Sprichwort gekennzeichnet: „He hett et an de Wö'r (Worten), as en Katteker (Eichkätzchen) an'n Start." Meistens wird der Vergleich mit einer leisen Ironie angewendet: z. B. „he geit'r up los, as Paulus up de Korinther" etwa von einem der eine Arbeit haftig anfängt, aber bald dabei ermattet oder überhaupt von blindem Eifer, wofür man auch sagt: „he geit'r up los, as de Buck up de Hawerkist." Auf den unschönen Wuchs geht das sarkastische: „he is so schlank, as en Sack mit Wutteln (Wörteln, Wurzeln)". Von Einem der eine ängstliche, schuldbewußte Miene zeigt, oder der vom Elend stark mitgenommen ist, sagt man: „he süht ut, as de düre Tied," ein starker metaphorischer Ausdruck, in welchem ganz gegen den sonstigen Gebrauch das zum Vergleich herangezogene Wort ein Abstractum ist, freilich von der Art, daß seine Aeußerungen nur zu sichtbar sind. Die Weber sind unter den Handwerkern Niederdeutschlands, wo noch jetzt fast jedes Bauernhaus seinen eigenen Webstuhl hat, ein notorisch armer Stand; daher sagt ein vergleichendes Sprichwort von einem armselig brennenden Licht: „dat Licht brennt, as wenn en Wewer dot is" — oder „as wenn en Wewer üm dat Hus geit un freet na de Magd." Zuweilen wird der Vergleich durch eine bloße Nebeneinanderstellung erzielt wie in dem Sprichwort: „Wutteln und Röwen (Rüben) achter Faffelabend, un en Dirn achter drittig Jahr, de hebben beid' den Smack verloren." Wie farblose Abstracta dadurch anschaulich belebt werden, daß sie mit einem concreten Bilde in Zusammenhang gebracht werden, mögen folgende Wendungen zeigen. Um zu bezeichnen, daß bei einem Geschäft der größte Gewinn schon weggenommen ist, sagt man: „De ripsten Beren (Birnen) sünd all (schon) schüddelt"; ein anderes warnt davor sein Gut bei Lebzeiten zu vererben: „Treck di nich eher ut, as bet du to Bed geist." Daß Verschwendung zum Mangel führt, deutet dies an: „Wenn de Botter up is (aufgezehrt ist), so is't Smeren ut." „Den besten Fot vörsetten" würde so viel sein, als seine besten Eigenschaften hervorkehren, und ähnlich heißt „en witten Fot bi Einen hebben" soviel als bei Jemand in Gunst stehen oder wie es ebenfalls mit einem Bilde im Hochdeutschen erscheint „gut angeschrieben sein". Von einem Menschen, welcher gern Händel sucht, sagt man: „De Für nödig hett, de söcht et in't Ast" (Asch), oder wenn er wirklich zu Thätlichkeiten übergegangen ist, „he kann nich in heler (heiler) Hut lewen." Darauf daß selten Jemand ganz unschulbig in Verdacht geräth, spielt das Sprichwort an: „Da het keen Koh Buntje, o'r se hett en Placken." Verheirathen sich ein Paar arme Menschen, so sagt man: „Se smieten ehr Plun'n (Lumpen) tosammen," und von unverträglichen übel zusammenpassenden Eheleuten: „De het de Düwel tosammen karrt."

Nicht selten zeigen die Sprichwörter einen starken metaphorischen Ausdruck, d. h. es werden Merkmale von einem Gegenstande auf einen anderen übertragen und zwar vorzüglich wieder solche von concreten, d. h. mit den Sinnen wahrnehmbaren Dingen auf abstracte d. h. gedachte Dinge. Eine derartige Metapher liegt z. B. in der Wendung: „Dor ruk (rieche) an, as Kasper an den Surkohl", als Schlußsatz einer tadelnden Rede auch in der Form „dar kann he an ruken" sehr gebräuchlich. Hierher gehört das den Feigen verspottende Sprichwort: „he spinnt Lopelgarn un haspelt mit de Hacken," oder „Enen utfrogen bet up den Pabbick" (Mark der Bäume), und was von Pflanzen auf jugendliche Personen von schnellem Wachsthum übertragen wird: „Int Saat scheten." Von einer verlorenen Sache, oder einem rettungslosen Zustand von Personen sagt man: „Da is keen Salw (Salbe) mehr antostriken." Den Fürwitz der zu schaden kommt weist das Sprichwort zurecht: „De sik to grön makt, dem freten be Sögen (Sauen)". Dem Hochdeutschen „Gelegenheit macht Diebe", verwandt ist dies: „Wo de Tun am siebsten (niedrigsten) is, da stiggt Jedwereen öwer." Dem Niederdeutschen ist es eigenthümlich, daß es bei der Metapher das Bild gewöhnlich aus einer niederigeren Sphäre nimmt, als welcher der Gegenstand angehört, auf den es bezogen wird, während es sich in der Schriftsprache oder vielmehr in der Kunstpoesie gerade umgekehrt verhält. Diese überträgt Eigenschaften, verwandtschaftliche Verhältnisse, Thätigkeiten, Körpertheile des Menschen auf leblose Dinge und Thiere. Das niederdeutsche Sprichwort umgekehrt Eigenschaften und Merkmale von Thieren und Sachen auf Menschen ganz in der Weise der Volkspoesie überhaupt. Das Volk lebt noch in engerem Zusammenhange mit der leblosen Natur und der Thierwelt. Es giebt eine Menge Metaphern und metaphorischer Wendungen, Vergleiche oder bildliche Ausdrücke, die auf menschliche Verhältnisse zu beziehen sind, während in ihnen nur von Dingen und Thieren die Rede ist, eine Gattung, die ich als sprichwörtliche Anspielungen bezeichnen möchte. Eine norddeutsche Mutter, welche einen eckigen, struppigen, ungefügen Sohn hat, tröstet sich wohl mit der Wendung: „De rugen Fohlen gewt be besten Per' (Pferde)," während ein pessimistisch denkender Nachbar vielleicht über denselben Knaben so urteilt: „De word en Fohlen uptrecken, de er vör be Schen' (Schienbein) sleit." Wenn Jemand bei einem Armen irgend welchen Besitz vermuthet, pflegt der norddeutsche Bauer zu sagen: „Ja söl du in en Hunn'stall Bradwost" und wenn einer Mangel leidet sagt man: „he möt Hungerpoten sugen," was vom Bären hergenommen ist, dem der Volksaberglaube andichtet, er stille seinen Hunger dadurch, daß er auf seinen Pfoten sauge. Mit Thieren wird der Mensch verglichen, ohne daß darin irgend ein beleidigender Sinn empfunden würde. So sagt man von einem Menschen mit feistem Gesicht: „he hat en Kopp as en Klosterkatt." In wie gemüthlicher Verbindung erscheint der junge Mensch und das junge Hausthier in dem Sprichwort: „Kinnermaat (maß) un Kälwermaat möten oll Lüb' weten," und in dem sprichwörtlichen Volksreim: „be will lewen ane Pin, be höb' sick vör Steffkinner un Winterswin," oder in dem Satze: „Gode Deerns (Dirnen, Mädchen) un gode Gös (Gänse) kamen bi Tieb' na Hus," und nicht blos vom Pferde, sondern eben so gut von Pflegebefohlenen und Untergebenen sagt man „Eenen de lange Lien' laten" (den Zügel, die Leine lang lassen). Von Jemand, der nicht sein rechtes Auskommen hat, wird ohne beleidigenden Sinn behauptet: „Et geit em as be Faselswin, de itt (ißt) nich satt un hungert nich bot."

Dagegen erhebt sich zuweilen das Sprichwort zu der höchsten Höhe des bildlichen und tropischen Ausdrucks, zur Personification, welche leblosen Dingen die Merkmale der höheren Gattung des Belebten beilegt. Hierher gehören Wendungen wie: „Hochbeende (hochbeinige) Jahr (Nothjahre)"; „Lögen hebben korte Been"; „De Maan (Mond) geit all' to Bett"; und in dem Sprichwort: „Meen ick is en Bedreger" liegt eine Personification eines abstracten Verhältnisses, die gerade so kühn ist, wie die in einer Stelle des Fortunat von Tieck (Schriften, 3, pag. 314), wo es heißt:

> Ja „kamt Ihr gestern" ist Geschwisterkind
> Mit dem verruchten Balg „ein andermal"
> Die Lumpensippschaft stammt von Lug und Trug
> Und Kargheit säugte sie an schlaffen Brüsten,
> Wohin man kommt sind die Unholde da
> Mit ihrem dummen Zähnefletsch und Grinsen.

Einer andern personificirenden sprichwörtlichen Wendung: „Alle Pütten un Pöhle be Ogen uttreden," liegt dieselbe schöne bildliche Anschauung zu Grunde, nach welcher die Orientalen den Quell „das Auge der Erde" nennen.

Zuweilen äußert sich die gestaltende Kraft des niederdeutschen Sprichworts in Reimbildungen, z. B. „Up den Heger kümmt en Fleger"; „Licht daran, licht davan"; „Die Lieder (der Verträgliche) aewerwinnt den Strieder"; „Dat Kleed makt den Mann, wer't hett, de treckt't an"; „Elk (jeder) free sin Nabers Kind, denn weet he, wat he find'"; „Ost, west, to Hus best"; „De Welt is vull Pien, elk föhlt sien"; „Wied un sied".

Soviel von der Form des Sprichworts. Wenn wir nun eine Anzahl derselben nach ihrem ethischen Gehalt betrachten, so werden wir finden, daß sich manches Bemerkenswerthe von dem Geist und Witz, dem Denken und Trachten des Volkes in denselben wiederspiegelt. Beherzigenswerthe Sentenzen finden sich unter ihnen, Ausflüsse jener naturwüchsigen Lebensweisheit, welche das arbeitsvolle und doch stillbeschauliche Leben des Ackerbauers, des Seefahrers, des Hirten und des Jägers ausgebildet hat. Ein nüchterner practischer Sinn spricht sich meistens in diesen Sätzen aus, die häuslichen Tugenden der Arbeitsamkeit, Sparsamkeit, Ordnungsliebe, practische Klugheit und ungeheuchelte Frömmigkeit werden in denselben empfohlen, das Gegentheil derselben derb und schonungslos und mit treffendem Witz verspottet. Immer sind diese Sprichwörter anschaulich und plastisch. Hierher gehören Sätze wie die folgenden: „De sick will ehrlich ernähren, mütt vel flicken un weinig vertehren": „De de Ogen nich apen deit, mütt den Büdel apen dohn"; „Een Oge arbeit' mehr as tein Hänn (Hände)"; „De röhmt wesen will mut starwen, de besnackt wesen will mutt frie'n"; „Wenn Eenen't Farken baden (geboten) word, mutt de Sack apen stahn"; (von der Benutzung des günstigen Augenblickes); „Vör en ungewisse Schuld mütt'n Hawerkaff annehmen"; „Dar können vel toglief singen, man nich spreken"; „De Flok hett en goden Sinn, wo he utfahrt, da fahrt he wedder in" (d. h. der Fluch fällt auf's Haupt des Fluchenden zurück). Gegen das Spiel richtet sich das Sprichwort, „Da spelen sich ehr tein arm, as een rik"; und ein Lob des kirchlichen Sinnes früherer Zeiten liegt in dem Sprichwort: „As se noch Vader un Moder seggten, kunnen se Karken un Thorns bu'n, man as se Papa un Mama seggten kunnen sei kein mehr unnerhollen."

Am glänzendsten tritt der Witz des Niederdeutschen in den satirischen Sprichwörtern hervor, welche die Verkehrtheit, die Unbesonnenheit, den Mangel an wirthschaftlicher Tüchtigkeit, alles phantastische und affectirte Wesen geißeln. Hierher kann man Redensarten rechnen wie: „De Bottermelk met de Meßfork eten"; „Een Ei up't Meßbahr dragen"; „Achtert Nett fischen"; „Dat Og' will of wat hebben, ha de blinn Harm seggt, da freet' he na en moje Deern." Der ruinirte Verschwender bekommt seinen Hieb in dem Sprichwort: „He het et up, dat is en richtig Testament"; ebenso sein Gegentheil der Karge, von dem es heißt: „He het mal twee Blinden wat gewen, de können't noch nich sehn";

oder „Bremen is en Slukhals, sä' de Jung, da hab' he en halwen Gröschen darin vertehrt"; oder der Aengstliche, Uebervorsichtige: „Vör alle Gefahren, sä' de Mennonist, da bunn he sien' Hund an, de all drei Dage dot was", und ähnlich: „He is so vörsichtig as Kösters Koh, de gung all bree Dag' vör'n Regen in'n Stall, un doch wörd er de Stert natt."

Die Form dieser beiden letzten Sprichwörter kehrt oft wieder. In ihnen wird dadurch, daß zwischen dem angeführten Ausspruche und der sie begleitenden Handlung oder Absicht ein überraschender Contrast besteht, oft eine außerordentlich komische Wirkung erzielte. Ich füge diese Gruppe gleich hier an, weil in ihnen Verkehrtheiten im Handeln, und namentlich das stümperhafte Wesen untüchtiger, aber selbstzufriedener Menschen derb verspottet wird, welche dem thatkräftigen, practischen, auf seinen sauer erworbenen oder behaupteten Wohlstand nicht wenig stolzen Bauern und Kleinbürger ein Gräuel sind. Dahin gehören Sprichwörter von mehr ausgeführter Form, wie: „All to glief, sä' de Bur, da habb' he een Peerd vör'n Wagen"; „De Kunst stiggt ümmer höger, ut'n Köster werd en Kröger"; „De wat kann, den kümmt wat, hab de Snieder seggt, da hab he en Paar Strümp to versohlen kregen", oder: „da kreg he'n West to flicken"; „Dat was een von't Dusend, sä de Spellmaker, Jung nu hol mi en Kros Beer"; „He will sick betern upt Oller, as de Mighamelkens de't flegen lehr'n"; oder: „as en Winterswien."

Der Form nach ähnlich sind folgende humoristische Wendungen, die der niederdeutsche Bauer braucht, um nach seiner Weise durch die Blume zu sprechen, und die man satirische Anspielungen nennen könnte: z. B. „Et is grot, wat de Hund briggt, un wenn hei't ballegt, so ist' man en Knaken", was an das Lateinische Parturiunt montes, nascetur ridiculus mus erinnert „Een wet woll, wat en hölten Buck vör Talg het"; „Nu geit de Reis' los, seggt de Poppegei, dunn holt em de Katt"; „Dat is en Hund von en Perd, sä de Jung, bunn ret he up en Katt"; „Rad' mi god, ower rad mi nich af, sä de Brud"; „Watt'r sin möt, möt er sin, sä de Jung, verköfft sien Mütz un köfft sick en Multrum‑mel"; „Dar kümmt wat Nie's up, sä de Jung, as he beden soll"; und auch der Galgenhumor ist vertreten im niederdeutschen Sprichwort, was folgende zwei belegen mögen: „Dat wull vun‑dag (heute) en heten Dag warden, sä dat oll Wief, as se ver‑brennt warden full"; oder „Den Weg möt' se all' an, sä dat Wief, da föhrten's mit ern Mann na'n Galgen."

Ein gewisses kulturhistorisches Interesse haben manche Sprich‑wörter, z. B. die, welche den passiven Widerstand und den Haß gegen weltliche und geistliche Unterdrücker kennzeichnen. „He geit, as wenn he na'n Howbeinst geit" oder „as wenn de Bur in'n Torn sall" sagt man von dem Zögernden; eine in der Praxis des Frohnens gewiß oft befolgte Lehre enthält das Sprichwort: „De sick in'n Howdienst bob quält, kümmt nich in'n Himmel"; auf die Uebergriffe der Großen geht die Anspielung: „Von lüttge Fisch ward de Hekt grot"; ähnlich sind: „De Hun'n un de Edbel‑lüd' makt kein Döhr hinner sick tau"; und: „Herrengunst, April‑weder, Ollwiewerdanz un Wischenwater burt nich lang"; oder: „Gott lat unsen Vagt noch lang lewen, wi können wol en slimmern Düwel kriegen."

So tiefreligiös, so kirchlich das niederdeutsche Landvolk meist ist, so verschont es doch die Diener der Kirche mit seinem Witz nicht. Namentlich wird die Unersättlichkeit des katholischen Klerus vielfach in Sprichwörtern verspottet, von denen hier einige wenige Platz finden mögen. Auf die Bettelmönche scheint gemünzt zu sein: „Papensack un Möllermatt warden nich vull"; „Papen Gierigkeit un Gottes Barmhertigkeit wohrt van nu an, bet in Ewigkeit"; auf das Wohlleben der Klosterleute spielt das Sprichwort an:

„He hat en Kopp as en Pater" (sonst auch „as en Klosterkatt"); von geringer Ehrfurcht vor dem geistlichen Stande zeugen die Sprichwörter: „Het de Düwel den Prester holt, so mag he ok den Köster holen"; und „De Beste in be Midden, sä de Döwel da gung hei twischen twe Papen". Und da wir hier einmal bei seiner höllischen Majestät angekommen sind, so wollen wir zum Schlusse einmal sehen, wie dieselbe im niederdeutschen Sprüchwort erscheint, welches sich ganz besonders gern mit ihr beschäftigt. Meistens tritt der Teufel mit einer gewissen Bonhommie auf, wie in dem Satz: „Gleich sucht sich, gleich fand sich, sä be Döwel, dum kem he to en Kohlenbrenner"; oder in dem: „De sick mit'n Döwel gob steit, de kriggt den besten Platz in't Höll"; oder: „All't Beten (Bischen) helpt, sä de Döwel, dunn at he de Botter met de Meßfork" und „De Döwel is so swart nich as se enn afmalen", endlich: „Wo man singt da laß dich ruhig nieder, sä be Döwel, dunn sett't he sick in en Hormkennest" (Hornissennest).

Soviel von Sprichwörtern. Es wird selbst aus der kleinen Anzahl der angeführten erhellen, daß unter der derben Form wie unter einer rauhen Schale manche Perle des Witzes und der Lebens= weisheit geborgen ist und daß auch diese Erzeugnisse des Volks= geistes ihre Poesie haben.

Zwischen den Sprichwörtern und den eigentlichen Volksliedern in der Mitte stehen die Volksreime, bald in die eine, bald in die andere Gattung hinüberspielend. In ihnen zeigt sich der Norddeutsche mehr von seiner gemüthlichen Seite. Sie treten meistens in einer großen Anzahl von Variationen auf. Jeder Gau, jeder Ort hat sie sich seinem Geschmack und seinem Dialect gemäß umgebildet und das Seine hinzugethan, und so können sie recht eigentlich als Erzeugnisse und als Eigenthum des Volkes gelten. Erst der kleinste Theil ist gesammelt, vieles jedoch nament= lich durch die Idiotiken (Wörterbücher einzelner Dialecte) wenig=

stens der Vergessenheit entrissen, allein, wie diese Bücher selbst, schwer zugänglich und unter rein lexicalischem Material zerstreut. Und es ist ein Glück, daß wenigstens ein Theil von diesen Dingen fixirt ist, denn aus der Kinderstube und vom Spielplatz verschwinden sie bei stetem Vordringen des Hochdeutschen immer mehr und spätere Generationen werden nicht mehr viel von ihnen wissen. Ein genaueres Eingehen auf diesen Gegenstand würde allein den Raum eines Vortrages überschreiten, ich muß mich daher hier darauf beschränken in einer Uebersicht über die verschiedenen Gattungen der Volksreime dem Leser einen Begriff von dem Reichthum und der Fülle derselben zu geben. Hierher gehören gewisse volksthümliche Gebete, wie sie die Mutter den Kleinen vorspricht. Sie haben in ihrer kindlichen Einfalt etwas ungemein Rührendes. Ein altes Kindergebet, welches schon ein Sammler der Reformationszeit, Agricola, aufgezeichnet hat, und welches im ganzen nordwestlichen Deutschland verbreitet war, mag hier als Beispiel stehen. Es lautet:

>   Awends wenn ick in mien Bettken träde
>   Träd' ick in Mariens Schaut,
>   Maria is mien Moder
>   Johannes is mien Broder,
>   De leiwe Herr is mien Geleitsmann,
>   De mi den Weg wol wiesen kann,
>   Twölf Engelkens gaht mit mi
>   Twee Engelkens an dat Koppenn (Kopfende)
>   Twee Engelkens an dat Footenn
>   u. s. w.

der Schluß lautet:

>   Jesus in mien Hertken
>   Maria in mien Sinn
>   In Gottes Namen schlap ick in.

Sehr ansprechend sind die zahlreichen Wiegen- und Ammenlieder mit ihren ungemein einschmeichelnden Melodieen und einem ganz eigenthümlich schaukelnden, sanften Rythmus, an dem man sie auch ohne Kenntniß des Textes als für den Gebrauch an der Wiege bestimmt erkennen würde. Allbekannt dürfte das weitverbreitete Liedchen sein:

> Eia, popeia wat raffelt int Stroh,
> Dat sünd de leiwen Göse de hebben kein Schoh
> u. s. w.

oder das

> Slap Kindken slap
> Dar buten (draußen) sind twei Schap
> u. s. w.

und vor Allen dies:

> Buköken von Halwerstadt
> Bring doch uns klein Kindken wat.
> Wat sall ick em denn bringen
> Twei rode Schoh mit Ringen
> Da soll dat Kindken up springen.

Eine andere Gruppe von spruchartigen Kinderreimen ist dazu bestimmt den Kleinen vorgesungen oder vorgesprochen zu werden, wenn man sie auf den Knieen schaukelt, man kann sie daher als **Reiterliedchen** oder **Schaukelreime** bezeichnen. Eine Umbildung des eben mitgetheilten ist unter diesen

> Hopp, mien Perdken na de Stadt
> Bring doch uns klein Kindken wat.
> u. s. w.

Eine Unzahl derselben beginnt mit den Worten:

> Pinke, Panke Perd beslan
> T'sall den hogen Berg rup gahn.
> u. s. w.

Diesen verwandt sind Reime, mit welchen die ersten unsicheren Hantirungen und Bewegungen der Kinder rythmisch begleitet werden, z. B. das

> Backe, backe Koken
> De Bäcker de hat ropen
> u. s. w.

oder was beim Abzählen der Finger gesagt wird:
>Dit is de Dum
>De schüddelt de Plum
>De list se up
>De fritt se up
>De kleine Schelm segg't Vader un Moder na.

Als Aufgaben zum schnellen Nachsprechen dienen Sprüche wie:
>Schniederscheer schnitt scharp
>Scharp schnitt de Schniederscheer,

oder
>Ick steck mien Kopp in'n koppern Pott
>In'n koppern Pott steck ick mien Kopp.

Es ist schon oben auf die rythmische Schönheit einiger Liebchen hingewiesen worden. Manche derselben sind nach dieser Seite nicht uninteressant. Sie zeigen eine Beweglichkeit des Tactes, welche unsere literarischen Kunstproducte, die sich fast nur noch in Jamben und Anapästen bewegen, beschämen könnte. So das Liedchen:
>Een Buddel Beer, twee Buddel Beer,
>Dree Buddel, Buddel, Buddel, Buddel Beer,
>Veer Buddel Beer, fief Buddel Beer,
>Söß Buddel, Buddel, Buddel, Buddel Beer,
>u. s. fort,

welches streng im ¾ Tact gesprochen oder gesungen werden muß. Selbst Gangbewegungen lebender Wesen unterfängt sich der Volkswitz rythmisch nachzubilden, wie in dem Spruch von den drei lahmen Weibern: Von der ersten, die in die „linke Kuhle" tritt, d. h. mit dem linken Fuß hinkt, heißt es:
>Et brennt, et brennt,

von der zweiten, auf dem rechten Fuß lahmen:
>Woneffens, woneffens,

von der dritten, welche auf beiden Füßen hinkt:
>Up de Zuckerbeckerie, up de Zuckerbeckerie.

In ähnlicher Weise enthalten manche dieser Volksreime und Sprüche eine Onomatopoeie (Nachahmung des Schalles mit Worten), und das Quaken der Frösche, die Stimmen der Vögel werden in ihnen ebenso geschickt nachgebildet, wie in den unsterblichen Lustspielen des griechischen Dichters Aristophanes. So z. B. das Froschgequake in dem Reim:

> Nabersche, Nabersche morgen back ick ick ick ick,
> Nabersche, Nabersche morgen rack ick ick ick ick.

und

> Nabersche, Nabersche hast du den Mann mit de ro'en Been' (rothen Beinen) nich sehn?
> Watt weet ick ick ick ick!

Welch ein wahrhaft poetischer Gehalt in solchen anspruchslosen Dingen liegt, das mag ein Beispiel beweisen. Aus dem Volksreim, der das Schwalbengezwitscher nachahmte, hat Fr. Rückert ein's seiner schönsten Gedichte, das bekannte Schwalbenliedchen gemacht. Es lautet:

> As ick Afschied nam, as ick Afschied nam
> Wer'n Kisten un Kasten vull,
> As ick wedder kam, as ick wedder kam
> Was't all verschlickert, verschlackert, verschlie—rt.

Eine Menge Verse leben im Kindermunde, welche zum Abzählen vor dem Spiel dienen oder die zum Spiel selbst gesungen werden. Erstere beginnen gewöhnlich mit den Worten: „Ene mene muh!" oder „Ene mene miken maken," für die letzteren diene als Beispiel folgender Ringelreihen:

> Danz mi mal den Fidelfumfei,
> Fidelfumfei mien Swager,
> Wer is hier in dissen Kranz
> De mi kann behagen?
> (Wird ein Name genannt.)

N. N. mien beste Fründ
Krieg mi achter bi'n Kragen,
Kummt he nich, so hol ick em
Mit twee beflagen Wagen.

Mit solchen Reimen begrüßt das Kind die rückkehrenden Störche und Schwalben, dem Schmetterlinge der sich nicht fangen lassen will, ruft es nach:

Kettelböter (auch Botterwagel) sett di, plett di
Up mine ban.
Ick will di eten un drinken gewen,
Ick will di wedder flegen laten,
Kettelböter sett di, plett di
u. s. w.

Die Schnecke sucht es mit den Worten aus ihrem Haus zu locken:

Snigge dick, Snigge dick
Stick mal dien Kopp rut
Stick dien veerfach Hörn rut
u. s. w.

Das Abgehen des Baites von Weidengerten, aus denen es sich Flöten (Fopen) und Schalmeien macht, glaubt es durch allerlei Singsang zu befördern, in dem ein Nachklang alter Zaubersprüche zu erkennen ist, ebenso wie in den Sprüchen, welche zum Besprechen, „Böten" (Büßen) und ähnlichem noch viel gebräuchlichen Hokuspokus gebraucht werden. In diesen Kreis fallen auch die Diebessegen, Bienensegen, Bannsprüche u. dgl. Die Jungen, welche die Rinderheerden auf den weiten Wiesen hüten, fordern sich mit einem trotzig klingenden Kampfruf, den sie sich in halb singendem, halb sprechendem Ton über die Grenze zurufen, in echt bukolischer Weise heraus. So reizen die Kuhjungen eines Dorfes die des Nachbarortes, den wir einmal beispielsweise Neundorf nennen wollen, mit folgendem Reim zum Kampfe:

> Hä puch!
> Neendörpsch Dinger kamt mal ur
> Neendörpsch Dinger roe Lappen
> Freten alle dodig Katten
> Hä puch, hä puch!
> Neendörpsch Dinger komt mal up!

Mit einem alt ererbten conventionellen Spruch ladet der Hochzeitenbitter die Gäste ein, weiht der Zimmermann das neuerrichtete Haus, an dessen Gebälk kunstvoll eingehauen neben frommen Bibelsprüchen und Gesangbuchsliedern mancher kernige niederdeutsche Spruch angebracht wird. Und selbst Heiligthümer und Grabsteine legen Zeugniß ab von dem poetischen Sinn und nicht selten von dem — Humor des niederdeutschen Volkes. So hat Publicola auf S. 239 seines „Niedersachsen, ein Reisejournal" von 1789 folgende Grabschrift aus der Kirche zu Dobberan aufgezeichnet:

> Wieck Düwel, wieck, wieck wiet ran mi,
> Ick scheer my nich en Haar um Dy,
> Ick bün en mekelbörgsch Eddelmann.
> Wat geit di Düwel min Supen an,
> Ick sup mit mynen Herrn Jesum Christ,
> Wenn du Düwel ewig dösten müst,
> Un drink mit em söt Kolleschaal,
> Wenn du sittst in de Höllenqual,
> Drüm rad' ick, wieck, loop, rönn un gah,
> Esst by dem Düwel ick to schlah'.

Eine andere Grabschrift auf Seite 245 desselben Buches lautet:

> Hier ruet Ahlke, Ahlte (Adelheit) Pott
> Bewahr my lewe Here Gott
> As ick dy wull bewahren
> Wenn du werst Ahlke, Ahlke Pott
> Und ick wer lewe Here Gott.

und eine andere

> Hier raut Peter Klahr
> He kaste (kochte) felben jahr,
> Dahrto ganß unslädig
> Gott wes syner Seele gnädig.

Die Hinterbliebenen eines niederdeutschen Edelmannes, dessen Ruhm wohl nicht fein gewesen sein mag, schließen auf dem Leichenstein ihre Fürbitte für die Seele des Verstorbenen mit den Worten:

> Du nimmst by jo de Lümmer an,
> Lat düssen Buck doch ok mitgahn.

In der Kirche eines kleinen märkischen Ortes ist auf einer Schilderei die Opferung Isaaks dargestellt. Abraham ist eben im Begriff seinen geliebten Sohn — nicht zu schlachten, sondern seltsamerweise mit einer Feuerschloßpistole zu erschießen. Schon hat er das Mordgewehr auf den Knaben gerichtet, da gießt zur rechten Zeit ein Engel aus einer Wolke Wasser hernieder und grade auf die Pfanne, darunter steht ein erbaulicher Vers, der ungefähr (ich muß nach dem Gedächtniß citiren) so lautet:

> De Engel ut de Wulkenschicht
> Herraf up Abrams Opper sicht
> He gütt em Water up de Pann
> Nu lat em schoten, wenn he kann.

Rechnen wir nun zu den Volksreimen noch die Unzahl von niederdeutschen Räthseln, die Spottverse auf Gegenden, Städte und Dörfer, die Lob- und Trostverse, die Bettelliedchen mit denen Kinder am Martinsfest, am Johannistage, zu Fastnacht, zum Fest der heiligen drei Könige und bei vielen andern Gelegenheiten von Thür zu Thür ziehen, so bekommen wir einen ungefähren Ueberblick über den ansehnlichen Bestand des in dieser Gattung vorhandenen Materials.

Größerer Pflege, als die Volksreime haben sich die Volkslieder zu erfreuen gehabt. In den Sammlungen von Uhland, Liliencron und Mittler findet man das Beste, was diese Gattung hervorgebracht hat, wohl gesichtet und geordnet beisammen, und ich kann mich daher über diesen Gegenstand, der unsere Betrachtung schließen soll, kurz fassen. Fast alle Gattungen des Volksliedes, welche die hochdeutsche Literatur aufzuweisen hat, sind auch in der niederdeutschen angebaut, vieles haben beide Sprachen gemeinsam, ohne daß auch hier sicher nachgewiesen und allgemein anerkannt wäre, in welcher es entstanden ist. Das gilt von dem schönen, viel variirten Liede: „Et waffen twe Königskinner", dessen plattdeutsche Fassung indeß so selbständig ist und so deutlich auf das niederdeutsche Seegestade hinweist, daß man über seinen Ursprung kaum im Zweifel sein kann. Ich theile dasselbe hier im Auszuge nach der münsterländischen Fassung mit, welche Mittler in seine Sammlung aufgenommen hat.

   Et waffen twe Königskinner,
   De hadden enanner so lef,
   Se konnen to nanner nich kummen
   Dat Water was vel to bred.

   Lef Herte, kannst du der nich swemmen?
   Lef Herte, so schwemme to mi.
   Ick will di twe Keskes (Kerzen) upsteken,
   Un de söllt lüchten to di.

   Dat horde ne falske Nunne
   Up ere Slopkammer, o we!
   Se dei de Keskes utdömpen,
   Lef Herte blef in de Se.

   Et was up en Sundag Morgen,
   De Lüd' wören alle so fro,
   Nich so den König sin Dochter,
   De Ogen de seten er to.

   O Moder sede se Moder
   Mine Ogen dot mi so we,
   Mag ick der nich gan spazeren
   An de Kant van de rustende Se?

Die Mutter will die Tochter nicht an die See gehen lassen und als sie auf ihrem Vorsatz beharrt, räth sie ihr, wenigstens ihren Bruder, ein Kind mitzunehmen. In dem längeren Zwiegespräch mit der Mutter lehnt sie dies ab und schließt mit den Worten:

   O Moder lewe Moder
   Min Herte dob mi der so we
   Lat annern gan tor Kerken
   Ick bed an de ruskende See.

Dann wird weiter erzählt, wie sie an die „Seekante" geht, einen Fischer sucht und ihm aufträgt den Leichnam des ertrunkenen Geliebten aufzufischen. Als dieser ihn gefunden,

   Do nam de Künigsdochter
   Von Höfd ere goldene Kron:
   Süh do, woledele Fischer
   Dat is ju verdende Lohn.

   Se trock von eren Finger
   Den Rink von Demanten so schön:
   Süh do, woledele Fischer,
   Dat is ju verdende Lohn.

   Se nam in er blanken Arme
   Den Künigsson, o we!
   Se sprunk met em in de Wellen:
   O Vader un Moder, ade!

Als ein ursprünglich niederdeutsches Erzeugniß ist das Lied: „Die Stiefmutter", nicht nur aus localen Gründen, sondern auch seiner ganzen Fassung nach, anzusehen. Es weht ein großartiger tragischer Zug durch das kleine Fragment, denn als ein solches ist es leider gefunden. Seiner Kürze wegen kann ich es hier ganz mittheilen. Es beginnt mit einem Selbstgespräch der reuigen Mutter, die von ihren Stiefkindern sagt:

„Ick hebbe se nich up de Scholen gebracht
Se gaent nich spelen up der Straten
Ick hebbe se up de wilden See gesant
Eren leveſten Vader to ſoken.

Dat eine ſtarf den bittern Dot
Dat ander ſtarf van Hunger ſo grot,
Dat drudde word gehangen,
Dat verde blef up de wilden See dot
Dat fifde flut achter dem Lande."

Wann ſe up den Kerkhof quam,
Se reip Gott ſinen hemmelſchen Vader an,
Und bedet al mit Flite
Dat er Gott wolde de Sunde vorgewen,
Un halen ſe in ſin Rike.

De Sundags Miſſen ſund wol get,
Wenn man ſe horet to Ende ut
Un bedet all' mit Vlite:
Dat uns Got wolde de Sünde vorgewen,
Un halen uns in ſin Rike.

Schön im Ausdruck und im Rythmus iſt das Lied: „Todten-
amt" von dem ich hier noch einige Strophen mittheilen will:
Es beginnt mit den Worten:

Et daget in den Oſten,
De Maen ſchient averall,
Wo weinich wet min Leweken
Wor ick benachten ſchall
Wo weinich wet min Leweken
Ja Leweken!

Die Jungfrau, die ihren Geliebten unter einer Linde von
einem Nebenbuhler erſchlagen findet, geht in ihres Vaters Schloß,
und fragt:

Unde is hier ein Here
Effte ein edel Mann
De mi diſſen Doden

Begrawen helpen kann?
De mi diffen Doden
Ja boden —

Aber die Herren schweigen stille und das Mägdlein „geht weinend hinaus" —; sie muß also den geliebten Todten selbst begraben, und dies erzählt uns in einfacher, aber um so ergreifenderer Weise der Schluß des Liedes, der hier noch einen Platz finden möge zum Beweise, daß das Niederdeutsche wohl geeignet ist, Ernstes, ja selbst Tragisches würdig auszudrücken, wenn es noch nöthig wäre, diesen Beweis nach Klaus Groth und Reuter zu führen. Der Schluß lautet:

Mit eren schneewitten Henden
Se de Erd upgroef,
Mit eren schneewitten Armen
Se en to Grawe broech,
Mit eren schneewitten Armen,
Ja Armen.

Nu will ick mi begewen
In ein klein Klösterlin,
Un dragen schwarte Kleder
Un werden en Nünnekin
Un brogen schwarte Kleder
Ja Kleder.

Mit eren hellen Stemmen
Se em de Misse sank,
Mit eren schneewitten Henden
Se em de Schellen klank,
Mit eren schnewitten Henden,
Ja Henden.

Aber auch für die Schilderung beglückter Liebe hat das niederdeutsche Volkslied Töne und Weisen, wie in dem in den Ditmarschen entstandenen:

>Ick un myn Liesbet will t' Sommerfeld gan
>Will hucken un binnen, as anner Lü' dohn.
>
>Anner Lü' hucket un binnet dat Korn
>Ick un myn Liesbet sitt achter den Dorn
>
>Achter den Dorn da waßt mal schön Krut
>Da bind' ick myn Liesbet en Kränzelin ut.

oder in dem kleinen ansprechenden Abschiedsliedchen, welches mit den Worten schließt:

>Goden Abend, gode Nacht!
>Mit Rosen bedacht,
>Mit Nägelken bestäken
>Krup unner de Däken
>Morgen fröh, willt Gott, wölln wy uns wedder spräken.

Recht anschaulich malt folgendes spruchartige Liedchen die Liebesgedanken der Schenkin:

>Ick sitt un denk,
>Un tapp un schenk;
>Wenn dat so kreeg
>Dat he my neem? —
>Un he is en Timmerman.

Ein dem deutschen Volksliede sehr geläufiger aber durchaus originell gefaßter Gedanke spricht sich in dem ohne Zweifel auf niederdeutschem Gebiet und zwar, wie die beiden letzterwähnten in Holstein entstandenen „Stelldichein" aus, welches lautet:

>Dat du myn Leevster bist,
>Dat du woll west
>Kumm by de Nacht, kumm by de Nacht,
>Segg my, wo du hettst.
>Kam du um Middernacht
>Kam du Klock een,
>Vader slöpt, Moder slöpt,
>Ick slap alleen.

Klopp an de Kamerdör
Klopp an de Klink
Vader meint, Moder meint,
Dat deit de Wind.

Ein aus dem Volksaberglauben entsprungenes Lied hat E. M. Arndt in seinem „Märchen und Jugenderinnerungen" und Temme in seinen „Volkssagen von Pommern und Rügen" aufbewahrt. Es knüpft an die Sage von einem Bauern an, welcher seinen Grenznachbarn Land abgepflügt und dann durch Meineid und Vorlegung gefälschter Urkunden sich in dem Besitz des ungerechten Gutes zu behaupten gewußt hat. Nach dem Volksglauben, der merkwürdiger Weise grade für das genannte Verbrechen die Strafe des Umgehens nach dem Tode setzt, tritt er in allerhand Verwandlungen auf. Von ihm heißt es:

Pagels mit de witte Müt
Wo kolt un hoch is dien Sit,
Up de hoge Bök,
Up de kruse Eek,
Un achtern hollen Tuun,
Worüm kannst du nich ruhn?

Darüm kann ick nich rasten
Dat Papier liggt in den Kasten
Un mine arme Seel
Brennt in de lichte Höll.

Durch einen ähnlichen Zug des Volksaberglaubens angeregt dichtete ganz im Tone des Volksliedes Klaus Groth die schöne Ballade Hans Iwer:

De Rath liggt dal, de Krog liggt wöst,
De arme Seel hett Gott erlöst."

Reicher als die übrigen Gattungen ist in dem flachen Norden unseres Vaterlandes, der im allgemeinen weniger gesangreich war, als der Süden, die der historischen Volkslieder und sie verdienen hier auch noch deshalb besonders hervorgehoben zu werden, weil sie durch ihren Inhalt allemal mit Bestimmtheit einer Landschaft des niederdeutschen Sprachgebietes zugewiesen werden, und daher über ihre Echtheit kein Zweifel obwalten kann. Die Errettung aus Kriegs- und anderen Nöthen, das hochherzige Gefühl ein drückendes Joch abgeschüttelt und die bedrohte Freiheit in heldenmüthigem Kampfe gewahrt zu haben, ließen die meisten dieser Lieder entstehen. Oft nennt sich in ihnen der Verfasser, aber ganz in dem Ton des Volksliedes, wie z. B. in dem nach der Lüneburger Fehde von 1371 entstandenen, welches mit den Worten schließt:

> De uns duffen rey nie (neu) gefant
> Keprensen is he genannt,
> Unde is ein frier Knabe.
> Behode uns Gott
> Vor aller fulter Noth,
> He kann woll Reyeken maken.

Diese letzte selbstbewußte Behauptung beweist der Volkssänger vollständig. Die Edeln Niedersachsens sind nächtlicher Weile 700 Mann stark über die Mauern Lüneburgs gestiegen. Sie sprechen zuversichtlich:

> Nu weset fries Modes
> Wy willen alle ryke werden
> Van duffer Borger Gude.

Aber bald wendet sich das Blatt, die Bürger brechen gewaltig hervor und bald liegen viele der Edeln in ihrem Blute. Neben Herzog Sabels Sohne stirbt sein Gefährte Albert Pust

> Se schriede so lude, o weh, o weh!
> Ach mines jungen Limes
> Were ick nu thor Nuenborch
> By minen jungen Wiwe

> Hertoge Sabel de lag dorby
> He schriede so lude: o weh, o weh
> Were ik wedder to Lande
> My scholde nu un nemmermehr
> Na Lüneborg vorlangen.

Auch unter denjenigen Liedern, welche den Freiheitskampf der Ditmarsischen Bauern gegen die Uebermacht des Dänenkönigs Johann und des Herzogs Friedrich von Holstein (1500) feiern, finden sich einige, deren Verfasser bekannt sind. So wird das mit den Worten beginnende:

> De Herr hefft sik erbarmet
> Thor Tidt des Angstes grot
> Baken in finer Not
> Vor Konig un Vorsten grot.

mit ziemlicher Wahrscheinlichkeit dem Andreas Brues zugeschrieben und der „große Reimer" von Wimerstedt ist der Dichter des herrlichen Heldenliedes, welches Klaus Groth so schön umgedichtet hat:

> De König to den Herzog sprok: Och hartley Broder min
> Wa kriegt wi dat frie Ditmarscher Land? Segg an, wi kamt wi in?[1]

Aber diese Lieder sind deshalb um nichts weniger echte Volkslieder, wie die anonymen, welche derselbe Kampf der Ditmarsen, die Hildesheimer Stiftsfehde von 1519, die Soester Fehde und andere historische Ereignisse hervorgerufen haben. Ihre Sangbarkeit, die Naivetät des Gedankens, die ungekünstelte Einfachheit, ja selbst Regellosigkeit der Form, die treue Darstellung die Anschauung, Denkweise und Sitte des Volkes, der lyrische Sprung,

---

[1] In Bezug auf sämmtliche von mir citirten niederdeutschen Worte und Stellen bemerke ich, daß eine einheitliche Orthographie in denselben wegen zu großer Verschiedenheit derselben nach Ort und Zeit der Entstehung nicht hat durchgeführt werden können.

die Wiederholung einzelner Worte und Wendungen welche der gesammten volksmäßigen Dichtung aller Völker, auch der epischen, eigen ist, machen sie zu echten Volksliedern.

So mögen denn diese Blätter, welche ich als Vorläufer einer größeren Arbeit über die niederdeutsche Literatur hinaussende, dazu beitragen, das Interesse für diesen Zweig unseres Volksthums zu erwecken und zu beleben.